心理カウンセラーが実践している、
相手の心を開く方法

「聴く」技術が人間関係を決める

臨床心理士
宮城まり子

はじめに

「コミュニケーション上手な人」と聴いて、どのような人をイメージするでしょうか。コミュニケーション上手な人とは「話し上手な人」と思う人が多いようです。

しかしそうではありません。ホンモノのコミュニケーション上手な人とは、むしろ「聴き上手な人」です。

話すことは子どものときから学校で経験することが多いでしょう。また社会人になってからも、人前で話したり、プレゼンなどをしたりする機会もあり、話す訓練は自然に受けているといえます。

しかし、一方で「聴く訓練」を受けたことはありますか？　ほとんどの人は多分「ＮＯ」でしょう。話す訓練を受けている人は多くても、聴く訓練を受けている人はほとんどいない……これはなぜでしょうか。不思議ですね。

その理由は、聴くことの特別な訓練は必要ないと考えられているためです。つまり、聴覚が正常であれば人の話は聴けるのだ、という強い思い込みがあるためです。

しかしそうでしょうか。ただ聴覚が正常であれば人の話は聴けるのでしょうか。答えは、やはり「ＮＯ」です。つまり、たとえ聴覚が正常であっても、人の話を聴けない人はたくさんいるのが実状です。

さて、みなさんの身近な人はどうでしょう。聴き上手ですか？　あなたの話（思い）を正しく聴き、理解してくれていますか？

人の話をほとんど聴かない社長、部下の話を全然聴かない上司、テレビを見たままで妻の話を聴かない夫、子どもの話を聴かないでしゃべるお母さんなど、みなさんの身の周りにもいることでしょう。

つまり、聴くことはやさしいようで、案外難しいということです。

そして、聴くことの訓練を一度も受けたことがなく、学ぶ機会が一度もなかった人がほとんどです。まして、話を聴くことを通して、相手の心に温かく寄り添い、相手の心を満たし、心をいやし慰める（なぐさ）ような、「ホンモノの聴き上手」な人は滅多にいません。「ホンモノの聴き上手」になることが、いかに難しいかおわかりでしょう。

恋愛でも、仕事でも、家庭でも、だれもが自分の話を聴いてくれる人、自分をわかってくれる人を求めています。つまり、人間関係の質を決める大切な要素は、この「聴く力」なのです。なかには仕事上での人間関係に悩んでいる方もいるでしょう。「聴く力」を身につけることで、職場や取引先で信頼関係を築くことができます。そして、よい人間関係には、必ず互いに聴き合う関係性（互聴（ごちょう））があります。

本書は「聴く」をテーマに取り上げ、「聴くことの大切さ、聴くことの意味、聴くことのスキル」などについて、やさしく学んでいただくことを目的に執筆しました。聴くことについてのよくある身近な事例を各所に盛り込みました。

また、「Q&A」では人間関係の実例を豊富にあげながら質問に答えています。さまざまな場所で、すぐ活用していただける内容になっていると思います。

本書を参考にしていただき、職場、家庭、友人とのコミュニケーション場面で、積極的に聴くことを実践してください。みなさんが「ホンモノの聴き上手」に大変身してくださることを願っています。

宮城まり子

目次

第1章
「聴き上手」は仕事でこんなに役に立つ!

第2章

だれでもできる！聴き上手になるちょっとしたコツ

第3章 「マイカウンセラー」になって人の心をつかむ

第4章 こんなときどうする？ 話を聴くときのQ&A

序章

だれだって話を聴いてほしいと思っている

あなたは人の話を本当に聴いていますか？
聴き上手が好かれる理由を教えます。

01 人の話をちゃんと聴ける人、聴けない人

あなたは人の話を「聴く」？　「聞く」？

私たちは耳（聴覚）が聞こえていれば、人の話を聞くことはできると考えています。しかし、本当にそうでしょうか。

音としては聞いていても、「この人はいったい自分に何を訴え、何をわかってほしいのか」ということが、理解できないことがあります。それは、**相手の話をただ単に音として聞いているから**です。

聞くということを文字に表すとき、「聞く」「聴く」というふたつの表現があります。「聞く」は、自然に耳に入ってくる音が聞けることを意味しています。同時にほかのことをしたり、手を動かしながら「ながら的に聞く」ことがよくあります。たとえば仕事や勉強をしながらＢＧＭで音楽を流すようなことです。

「聴く」は心を込めて相手の話に耳を傾けること

こうした音の「聞き方」は、特別な努力をしたり集中していなくても、聴覚が正常であればだれにでもできます。

しかし、相手が真剣に訴えていること、心のなかで苦しみ悩んでいるようなことを、わかってほしくて話している場合はどうでしょう。ただ自然に耳に入ってくる音を流して聞くのでは、相手の真意、言葉の奥にある深い部分を理解することは難しいでしょう。

つまり、「聞く」ではなく「**聴く**」の方は、「**相手は何を言いたいのだろうか**」「**何をわかってほしいのだろうか**」と考え、**相手に誠実に向き合い、心を込めて相手の話に耳を傾けるような聴き方**を指し、「聞く」とは区別します。

「聴く」という漢字をよく見てください。この漢字は「耳」だけで聴くのではなく、「耳」に加えて右側に「十四」の「心」がついています。

すなわち、十四の心（たくさんの心）を込めて、集中して相手の話を熱心に聴くという意味が文字に込められています。または、「十」の「目」をもって真剣に眼差しを向け、「心」を込めて聴くと解釈する場合もあります。

カウンセラーの場合は、相談者の話を真剣に聴かなければなりませんので、「聞く」とはいいません。

つまり、問題を抱えて悩んでいる人に心から関心をもち、まず何よりも話の内容を正しく理解しなければなりません。そして「わかりましたよ」というサインを送り、相手を安心させ、おちついてもらえるように話を少しずつ整理しながら順に聴いていきます。「聴く」は「聞く」ことに比べて、そのためのマインドとコツが必要です。

相手の話を熱心に聴けば、信頼を得られる

「自分はカウンセラーではないので、そんな聴き方は必要ない」と思わないでください。友人や家族が問題や課題を抱えて悩んでいるような場合に、だれかに話を聴いてほしいと思っていることが必ずあるはずです。職場で**上司の話を聴いたり、同僚や部下の相談にのる場合には、熱心に話を聴いて、相手を理解しようという姿勢や態度を示すことが必要**です。こうしたときには「聞く」ではなく「聴く」を大切にしてください。

また、だれかの相談にのるときだけに「聴く」ことが必要かといえば、決してそれだけではありません。

相手の話を心を込めて聴いてあげれば、相手はとても喜びます。それによって、相手の信頼を得て、人間関係もよくなるでしょう。

02

話す割合が多い方が満足度は高くなる

話す2倍、人の話を聴こう

古代ギリシアの哲学者ゼノンは、人間は「口はひとつ、耳はふたつ」といいました。確かに口はひとつ、耳はふたつあります。それは「話す2倍、人の話を聴くこと」を意味しているというのです。つまり、自分ばかりがしゃべらず、人の話を聴くことを大切にし、「話す2倍、聴くこと」を私たちに提唱しました。

みなさんはふだん、コミュニケーションのなかで、「**自分が話す割合は1、人の話を聴く割合は2**」のバランスを実行していますか？　相手より自分の方が年齢が上、職位が上、キャリアが長いとなると、どうしてもしゃべる量が多くなりがちです。「口は6つ、耳はひとつ」のような人たちです。人の話は聴かず、自分ばかりがしゃべって自己満足にならないように注意が必要です。

相手の方が2倍話せば、相手は満足する

人と話をしたあとに満足度が高く、充実感があるのは、話した割合（量）の多い人の方です。人はだれもが自分のことを話したい、聴いてもらいたいと思っています。ですから、逆に**会話のなかで相手を満足させ、相手に充実感を与えるためには、自分が話す2倍、相手の話を熱心に聴いてあげましょう。**きっと相手はあなたと話したあと、「聴いてもらってよかった」「聴いてもらってうれしかった」「聴いてもらって気持ちが晴れた」という満足感を得るはずです。そして、**「聴き上手」なあなたに好感をもち、感謝したり、信頼感を抱くようになります。**相手の話を聴こうとすることは、相手に関心をもつことだからです。聴くことそのものが、相手に対する「敬意」や「好意」につながります。

このように、「口はひとつ、耳はふたつ」を心に留めながらコミュニケーションを大切にしてはいかがでしょう。きっと職場でいい関係が築けるはずです。

03

人の心にある心理法則を知ろう

「聴き上手」になるために知っておきたい心理法則

「コミュニケーション上手な人は聴き上手」といわれています。管理職で優秀な人は部下の話をよく聴く人が多いですし、営業職なら顧客のニーズをよく聴かずには的確な提案や営業はできません。

仕事中はもちろん、ちょっとした雑談の場でも一方的に自分のことばかりおしゃべりする人よりも、人の話をよく聴く人の方が好かれることは想像できるでしょう。

なぜ人は「聴き上手な人」を好むのでしょう。それには、コミュニケーションをとるうえで大切な、**人のもつ心理法則**が関係しています。この法則を知ることが、聴き上手になる第一歩です。

①自分に関心をもってほしい

だれかから声をかけてもらったり、誘ってもらったり、心配してもらったりすることがあります。このように他人が自分に関心をもってくれることは、とてもうれしいことです。自分に関心をもってくれる人には、こちらも自然に好意をもちます。

人間関係は、人に関心をもつことからスタートします。関心をもっていることの最初のサインは、「こんにちは」「お久しぶりですね」「お元気ですか?」「毎日お忙しそうですね」といった、何気ないひと言です。そして、**人の話を聴くことは「私はあなたに関心をもっていますよ」というサインを相手に送ること**になります。

②自分のことをわかってほしい

人と話していて、さびしくなるときは、相手が自分をわかってくれないときではないでしょうか。いくら話しても、いろいろ説明しても、伝えたいことが相手に伝わらないもどかしさは、とてもつらいものです。それはだれもが「**自**

分のことをわかってほしい」と望んでいるからです。

ですから、その望みを大切にして相手の心を満たしてあげることができれば、必ずお互いの関係も深まり、信頼関係を育むことにつながります。

自分とは気持ちや考え方が違っているからダメと決めつけないことです。むしろその違いに関心をもって相手をわかろうとすれば、次第に理解を深めることによって自分の視野も広がるでしょう。

相手の話を聴こうとすることで、相手をわかろうとする姿勢を示すことができます。

③自分をありのまま受け入れてほしい

だれもが、相手を受け入れられるかというとそうではありません。好き嫌いは当然あるはずです。人には相性があり、ウマが合う、合わないがあるのは当たり前です。

しかし、**だれもが「自分をありのまま受け入れてくれる人」を求めています。**

特に「**ありのまま**」**がポイント**になります。

人は自分をありのまま受け入れてくれた人を信頼する

そして、自分が受け入れられ、好意をもってもらえると幸せな気分になり、安心感が得られます。話を聴いてあげることで、相手は「ありのままの自分を受け入れてもらえた」と感じて、心が満たされます。

④自分の気持ちに共感してほしい

つらいときや悲しいときに、周りの人が自分の気持ちをわかってくれ、つらい気持ちを共有してくれたことで、心がいやされたり、軽くなった経験はありませんか？

「大変でしたね」「よかったですね」と人に共感してもらうことで、悲しくつらい気持ちは半分になり、うれしく楽しい気持ちは倍になって豊かにふくらみます。

「共感」とは、字で表すように相手の気持ちを「共に感じ分かち合う」ことです。**だれもが、自分の気持ちを理解し、共有してくれる人がほしい**のです。ですから、共感することが上手な人は信頼され、好意をもたれます。

コミュニケーションのなかで、共感を大切にすることは、相手を大切にすることに必ずつながります。共感的に言葉を返すことで、相手は「気持ちをわかってもらえた」という満足感や喜びを感じることでしょう。「聴く」ということは大切な共感の手段になります。

職場でのコミュニケーションは事務的だったり、表面的なものになりがちですが、感情や気持ちを共有することは信頼関係を築くには特に大切です。「人を大切にすることは共感を大切にすること」と覚えておきましょう。

⑤自分を認めてほしい、ほめてほしい

「いつもがんばっているね」「プレゼンが上手ですね」「お客さまからもとても

評判がいいですよ」など、さりげなくほめられると、だれもが心のなかで「うれしい」と感じるのではないでしょうか。

そして、ほめられたあとはウキウキして楽しくなり、もっとがんばろうという前向きな気持ちになります。

このようにだれもが、「**認められたい、ほめられたい**」という気持ちを共通にもっています。ですから、**言葉に出して認めてあげたり、積極的にほめてあげることが大切**です。

人とコミュニケーションをとるうえで、以上のような心理が働くことを知っておいてください。「聴き上手」になるための基本条件です。

04

聴くことは決して受け身な行動ではない

話すことに比べて聴くことは受け身？

「話すことは積極的な行動だけれど、聞くことは受け身なのでは？」と言う人がいます。本当にそうでしょうか。

話している人は、自分の意見や考え方を伝えたり、人前でプレゼンテーションをしたりと目立つので、だれもが積極的な行動だととらえます。否定の余地なしで、話すことは確かに積極的な行動といえます。

それでは話すことに比べて、聞くことは受け身なのかといえば、そうではありません。実は、**ホンモノの「聴く」は決して受け身ではないのです。**受け身で、ただ漫然と聞いていたのでは、話し手の真意をつかむことはできません。

聴くことを英語では「Active Listening」といいます。訳すと「積極的な傾(けい)

聴」です。つまり、相手の真意を正しく理解するためには、心も身体も相手の方へ前のめりになるくらい集中して、心を込めて聴くことが必要だということです。

受け身で漫然と聞いていたのでは、相手が何を訴えているのか、何をわかってほしいといっているのか、何を自分に求めているのか、本当のところは理解できません。

聴くためには積極的にチャンスをつくろう

あなたは、相手が自分に話しかけてきたり、相談してきたときにだけ、話を聴いてあげればよいと考えていませんか？　それではダメです。**聴くためには、積極的に自分の方から聴く機会をつくっていくことも必要**です。

つまり、「聴くチャンスは、待っていないで積極的に自分からつくれ」ということです。

本書を読み、「よし、聴き上手になろう！」と考えたら、まず自分から積極的に聴くチャンスをつくってください。

そのためには、次の流れを大切にしましょう。

①自分の周囲の人に関心をもつ
←②自分の周囲の人をよく観察する
←③積極的に自分から声をかける
←④相手が話す
←⑤自分は聴く側に回る

この5つの流れをよく見てください。自分を聴く側にもっていくためには、その前に①〜④のプロセスが必要です。

①の周囲の人に関心をもつことは「心をかける」ことです。②の周囲の人を

よく観察することは「目をかける」ことです。**関心をもってよく観察しているからこそ、タイミングよく「声をかける」ことができます。**

たとえば、あなたが最近元気のない後輩に気づいたとしたら、「大丈夫？疲れているみたいだけど……」と、声をかけます。そして相手が、「ええ、このごろ、残業続きで疲れがたまっているみたいです。心配してくださって、ありがとうございます」などと話しはじめたら、それに対して「それは大変だね。○○のプロジェクトの件だよね。その後の進行具合はどう？」と、さらに話を深めて聴いてあげることができるでしょう。

このように、**積極的な「周囲に対する関心→観察→声かけ→話す→聴く」の流れを大切にしていると、聴く機会が増え、いろいろな人とのコミュニケーションが深まります。**

そして、声をかけてもらった人は、必ずうれしく感じるはずです。

「聴き上手」になるためには、ふだんから聴くチャンスを自分から積極的につくり、人の話を聴く練習をしてみてください。

序章　まとめ

□「聴く」は「聞く」とは違い、相手に誠実に向き合い、心を込めて相手の話に耳を傾けるような聴き方のこと。

□コミュニケーションでは、話す2倍聴くようにすると、話し手の満足度が高まる。

□相手は聴いてもらうことで、感謝したり、信頼感を抱いたりするようになる。

□コミュニケーションをとるときは、「人のもつ心理法則」を意識して相手に接してみよう。

□人は「自分に関心をもってほしい」
「自分のことをわかってほしい」

「自分をありのまま受け入れてほしい」

「自分の気持ちに共感してほしい」

「自分を認めてほしい、ほめてほしい」という気持ちをもっている。

□聴くためには、積極的に自分から聴く機会をつくることも必要。

第1章

「聴き上手」は仕事でこんなに役に立つ！

話をよく聴くといいことがいっぱい。
人間関係が劇的に変わります。

05 聴き上手は好かれ しゃべりすぎは嫌われる

◌ 聴くことは相手の心をつかむこと

だれでも**自分の話を聴いてくれる人に好意をもちます。自分の話に耳を傾け、熱心に聴いてくれる人を信頼します。**

たとえば、ひとつの例をあげて考えてみましょう。

営業の人がふたりいます。ひとりをAタイプ、もうひとりをBタイプとします。

Aタイプの営業は、売りたい一心で、お客さんの話も聞かずに自分ばかりが商品についてペラペラとしゃべり、一方的に売り込もうとする人です。

他方、Bタイプはまず何よりもお客さんの話を丁寧に聴き、質問を投げかけながら、自分がお客さんに関心をもっていることを印象づけます。「そうですか」

営業で成果をあげるのはお客さんの話を丁寧に聴く人

「お忙しい様子で本当に大変ですね」「やりがいがあってすばらしいですね」と、お客さんの話に共感し、ときにはほめ言葉をまじえて、積極的にお客さんの話を聴きます。そしてひと通り聴き終わったあとで、自分の商品の説明を相手の立場に立ってゆっくり進めていきます。

みなさんがもしお客さんだとしたら、AタイプとBタイプのどちらの人に好感をもちますか？　その場で、すぐに商品を購入してもらえるかどうかは別として、お客さんから好感をもたれ、何かのときには「この人から買ってあげたいな」と思ってもらえるのは、どちらのタイプでしょう。

おわかりのように、お客さんの心をつかみ、営業成績がよいのは、Bタイプの人です。それは、何よりも聴き上手だからです。営業の仕事というと、「しゃべり上手」なことが第一条件と考える人が多いようですが、必ずしもそうではありません。

しゃべりすぎは周りの人に敬遠される

自分のことばかりしゃべる人は、周囲の人に敬遠され嫌われてしまいます。

自分の自慢話ばかりをする人は特に嫌われます。みなさんの周りにもこんな人がいませんか?

職場の上司や同僚と久しぶりに飲みにいったら、相手がずっと自分の仕事の愚痴や自慢話、プライベートでの悩みなどを一方的に話すばかりで、家に帰ってきてどっと疲れたということはないでしょうか? こういう人たちとは、これからはあまり飲みにいきたくないと思うようになるのは当然です。

あなたはこんな気持ちを相手に抱かせないように注意しましょう。人とのコミュニケーション場面では、自分が話をしたい気持ちを抑え、相手の話をまず聴いてあげてください。

相手に関心をもって質問し、「どうしてた？ その後、仕事の調子はどう？」「そうか、忙しそうで大変だね」と共感しながら聴きます。加えて、「そうか、すごく努力してるんだね」などと、相手をいたわり、認めてあげます。序章で出てきた「**心理法則**」**を満たすように、積極的に話を聴きます**。

相手は、あなたに聴いてもらってスッキリして気分がよくなり、「ところであなたは、どうなの？」と、必ず今度は「あなたが話す番」になるでしょう。

このように、**自分の話を二の次にして、相手の話に関心をもって聴いてあげることは、相手の心をつかむもっとも効果的な方法**です。

お金もかかりません。高価なプレゼントを用意して心をつかもうとする必要もありません。「聴き上手」という温かい「心のプレゼント」をあげればよいのです。

06 だれもが自分の話を聴いてくれる人を求めている

みんな自分の気持ちをわかってほしい

みなさんは、思うようにいかないで悩んだり、落ち込んだり、イライラしているときは、どのような気持ちになりますか？

たとえば、理不尽(りふじん)なことを上司に要求された、無理難題な注文を取引先のお客さんにされた、先輩に身勝手な指示を出された、根拠のないうわさ話を同僚に流されたなど、職場では自分の力ではどうにもならないことがよく起きます。

このようなとき、「だれか私の話、聞いて！」「だれでもいいから、わかって！」と、叫びたくなるのではないでしょうか。だれもが多かれ少なかれ、このような経験をしているはずです。

私たちは、どうして自分の話をだれかに「聴いてほしい」と思うのでしょうか？

それは、序章の「心理法則」で解説したように、**人はだれもが「自分のつらい気持ちを理解し、わかってくれる人を求めている」**からです。自分の悩みやつらいことをだれかに共有し、わかってもらい、「それは大変だね」と共感してもらい、少しでも自分の味方になってほしいからです。

気持ちを伝えてよくわかってもらうためには、何よりもまず「話を聴いてほしい」と思うものです。

話をありのまま聴いてくれる友人や恋人は、だれよりも大切な存在で欠かせない人になります。

聴いてもらうことでメンタルヘルスが向上

つらいとき、悔しいとき、イライラするとき、落ち込んだときなど、だれかにありのまま自分の話を聴いてもらうと、話し終わったあとはどんな気持ちになるでしょう。**わかってもらえたことで、とてもスッキリしたり、安心したり、やすらかな気持ちになる**はずです。

悩みや問題は、たったひとりで抱えて耐えているときが一番つらいものです。たとえば、うつ病などの**メンタルヘルスの不調を訴える人の多くは、長いことずっと我慢して、だれにも打ち明けずに話さないできた人**です。

特に男性は自分の悩みや心のなかに抱える問題を、簡単に他人には話さないことが多いので、メンタルヘルスがだんだん悪くなったり、長期化する傾向があります。それは、自分についてのマイナスの情報を他人に打ち明けたくない、知られたくないという、強い「男のメンツ」「男のプライド」のようなものが、話すことを邪魔しているからでしょう。

一方、女性は気軽になんでもおしゃべりするので、ひとりで抱えこむことは少なく、しゃべってスッキリしたり、聴いてもらって気持ちが楽になり、安心するということが多い傾向にあります。これは男性と異なり女性のメリットといえるでしょう。

⁂「よい聴き手」は人から大切にされる

悩みや問題を抱えて、モヤモヤしているからといって、だれでもいいから相

「よい聴き手」になれば、職場でもかけがえのない存在に

談する、だれでもいいからありのままを打ち明けるというわけでは決してありません。みなさんも、あの人にだけは話したくない、あの人には相談したくない、と思う人が必ず身近にいるはずです。

あの人だったら「安心してなんでも話せる」「安心して聴いてもらえる」と思える人の方が、むしろ少ないのではないでしょうか。

職場の同僚や後輩にとって、もしあなたが「安心してなんでも話せる人」で「なんでも聴いてもらえる人」なら、あなたはその人にとってかけがえのない存在となるはずです。上司から見たならば、頼もしい存在だと思われるかもしれません。

毎日の生活のなかでも、職場でも、悩みを抱えていない人はいません。そして、こうした人はいつも自分の話をだれかに「聴いてほしい」と望んでいます。

また、問題を抱えて悩んでいる人だけに限らず、**人はだれもが「自分の話を聴いてくれる人」を常に求めている**といっても言いすぎではありません。

ですから「**よい聴き手」は、人から好かれ、人から大切にされる人**だといえます。

「よいリーダーの条件」には、必ず聴き上手であることがあげられます。何かあったら安心してすぐに相談にのってもらえるリーダーをだれもが求めているからでしょう。

07 よく聴いてほめれば相手のやる気を引き出せる

話を聴いて相手のよいところを探そう

序章の「心理法則」で、**人には自分を認めてほしい、ほめてほしいという欲求がある**と述べました。

私たちは、ほめられることはとてもうれしいことだとよく知っていながら、他人をほめることをおろそかにしがちです。「あの人にはこういういいところがあるな」「あの人はいつも一生懸命努力しているな」「あの人は気遣いがとてもすばらしいな」と、心のなかでは感じていても、それを言葉に出して相手に直接伝えているかというと、していないことが多いのではないでしょうか。

これからは、一緒に働く仲間や家族、友だちのよいところを意識的に探し、言葉に出してほめてあげませんか？　ほめ言葉は相手をとてもうれしい気持ちにさせ、さらにやる気を引き出します。

心理学では**「相手を認めるすべての働きかけ」**のことを**「ストローク」**という、**人間関係を大切にするための「潤滑油」の働きをする**と考えられています。

このストロークが欠けると、人は物足りなさを感じ、やる気も失うようになります。がんばっても認められなければ意欲がなくなるのは当然です。

的確なストロークを相手に送るためには、何よりもまず相手に関心をもち、相手をよく観察し、相手を知ることから始めなければなりません。そのためには、相手の話をよく聴き理解することが大切です。

相手がほしがるストロークを送ろう

同じストロークを送るのでも、相手が一番ほしがっているストロークを送ることが大切です。相手がもっともほしがっているストロークのことを**「ターゲットストローク」**といいます。

たとえば、みなさんは好きな人への誕生日プレゼントを選ぶとき、その人がいつもほしがっているものや喜びそうなものを選びませんか？　ターゲットストロークもそれとまったく同じです。

話を聴くことで、相手が一番ほしがっているストロークがわかります。また、相手の何を認め、どこをほめてあげると喜ぶのか、やる気が出るのかを見極めることができます。

相手のほしがっているものにぴったり合っているストロークの場合には、相手は本当にうれしくなり、「自分のことをよくわかってくれているな」と、幸せな気持ちになるでしょう。それが仕事上のことであればさらに動機づけられ、仕事が楽しくなるはずです。

「**自分が相手からしてほしいと思っていることを相手にしてあげること。自分が相手からされたくないことは、相手にしないこと**」が、すべての原則になります。

08

聴くことは相手の心をいやすこと

共感してくれる人に聴いてほしい

もし、みなさんが悩みを抱えていたり、モヤモヤした気持ちになって「だれかにわかってほしいな」「話を聴いてほしいな」と思ったら、どのような人に話しかけるでしょうか。もちろん、「聴き上手」で、自分の話を聴いてくれる人を選ぶでしょう。

ただ、ありのまま話をしたら、それがいつの間にかほかの人に漏れていて青ざめたという経験はありませんか？　ですから、ただ聴いてくれるだけではなく、プラス「口が堅くて信頼できる人」であることも大切な条件です。

また、もうひとつ「話を聴いてほしい人」の条件は、何度も繰り返しますが「**共感してくれる人**」です。気持ちをよくわかってくれて、「そう、大変だね」「まあ、苦労するね」などと、自分の気持ちをわかって一緒に共有してくれる人なら、悩みを聴いてもらいたくなりますね。

たとえ悩んで困っていても、あの人にだけは話したくないと思わせる人は、こうした条件と正反対の人です。このような人には、人が気軽に近寄ってきませんし、相談をもちかけられるようなことはないでしょう。

相談をもちかけられたり、「ねえ、ちょっと聴いてほしいのだけど」などとよく言われる人は、相手から信頼され、共感を大切にする「聴き上手」な人です。みなさんの友人、職場の先輩や上司のなかにも、思い当たる人がいるはずです。

聴くことは心をいやすこと

私たちの毎日の生活は、ある意味、問題解決の連続です。ひとつ解決すれば、また、次の問題が目の前に現われるといっても言いすぎではないでしょう。職場の問題が片づいてほっとしていたら、今度は恋愛や家族の問題などが起きたりします。つぎつぎと乗り越えなければいけないことが出てきて、なかなか心が休まる暇がない状態が続くことも少なくないでしょう。

こうしたことの連続が、人生ともいえます。そのなかでも、大きな割合を占めるのが人間関係の問題ではないでしょうか。カウンセリングにもち込まれる問題の8割は、人間関係に関する悩みです。人間関係なしには、私たちは生きられません。いつもだれかとの関係性のなかで生きています。しかし、だれにとっても人間関係は一番難しい課題です。

そんなとき、自分の話を「聴いてくれる先輩や上司」「聴いてくれる友人」や「聴いてくれる家族」を身近にもっている人は幸せです。たとえ、問題を抱えて悩んでいても、話を聴いてもらえ、わかってもらえる人がいるからです。

そして、悩んだり、心がモヤモヤしたりしていても、聴いてもらうことで心のなかのイライラはスッキリします。そのため「前向きに生きよう」と思うエネルギーも少しは回復できるでしょう。

特に**心が傷ついているようなときには、静かに耳を傾け、話を聴いてもらえるだけで、とてもいやされます。**聴くことは、傷に薬を塗る以上の優しい効果があるのです。

だれもが心をひかれるのは、心をいやしてくれる人

「心をひかれる人の条件」についてのアンケートをとると、みんなが必ず上位にあげる条件が、「いやされる人」、すなわち「心をいやしてくれる優しい人」です。

一日の仕事で疲れて退社するときに、「お疲れさま」と明るく声をかけてくれたり、ランチのときに「あのね、いまやってる仕事でさ……」と、会社での困った出来事を何気なく話すと、「そうだったの、それは大変だったね」とあいづちをうち、共感しながら真剣に話を聴いてくれる先輩や同僚がいたら、どうでしょうか。

話したからといって、その場で問題が解決するとは限りません。しかし、**聴いてもらうことで、気持ちはずいぶん楽になり、心はいやされ、ほっとすることができる**でしょう。あなたも人の心をいやす聴き上手をめざしてみませんか？

09 聴くことで相手のストレスを軽くしてあげられる

ストレスを解消する方法は……

ストレスのない人はいません。でも、ストレスにもいろいろな種類があります。ひとつは「**ディストレス**」**といって悪いストレス**です。もうひとつは、「**ユーストレス**」**といってよいストレス**です。たとえば目標達成のためにできる範囲で努力することは、よいストレスになります。

「ストレスなんて絶対ない方がいいに決まってる！」とみなさんは声をそろえて言うかもしれませんが、そうでもありません。実はよいストレスはある程度あった方がいいのです。適度な緊張感のある方が人は必ず成長するものです。

一方、悪いストレスの「ディストレス」、たとえば能力以上の高い目標などは、人に強いプレッシャーを与え苦しい思いをさせます。また、理不尽な人と一緒に仕事をしなければならないときなどは、どんな努力も実らず、無力感を感じてしまいます。

こうした悪いストレスは、やる気を失わせたり、心を落ち込ませたり、人の成長を妨げるので、本来は無用なものです。

みなさんもきっと毎日いろいろなストレスと闘いながら、生活をしていることでしょう。ストレスから解放されるためには、上手にストレスを解消する方法を心得ておく必要があります。

ストレス解消には、聴いてもらうことが一番

ストレスをため込むことは、決していいことではありません。

ストレスが重なるとお腹が痛くなったり、頭が痛くなったり、皮膚が荒れたりと、いろいろな身体症状が出ることがあります。またイライラして感情的になって人にあたったり、やけ食い、やけ酒をしたり……ストレスをためると、ろくなことはありません。自分が「最近、ちょっと荒れているな」と感じたら、それはストレスが心のなかにたまっている証拠です。

そのようなときの**ストレス解消法のひとつは、だれかに話を聴いてもらうことです。**聴き上手な友だちにありのままを聴いてもらい、ストレスを思いっきり発散することが効果的です。

話を聴いてもらい、心のなかにため込んだストレスを吐き出すと、気持ちが楽になりおちつきます。心のなかで爆発しそうになっていた火山のマグマのような感情が噴出し、抱えていたモヤモヤ、イライラが解消されます。

もちろん、聴いてもらうだけでは、根本的な問題解決にならない場合もありますが、少しは冷静さを取り戻すことができるでしょう。そして、話すことで自分の心のなかを静かに見なおし、整理できるようになります。

⁙ 聴くことはストレスからの解放のお手伝い

話を聴いてあげることとは、ストレスから解放するためのサポートです。相手は「ああ、話せてすごくスッキリした。聴いてくれてありがとう」と、あなたにきっと感謝することでしょう。

そして「なんで、あんなにイライラしたり、カッカしていたんだろう」と、

人の話を聴いてあげることは、ストレス解消のお手伝いになる

あとからおちついて考えてみれば、とても小さなことを気に病んでいたり、プレッシャーにくじけそうになっていたことに気づいてくれるはずです。

人の話を聴いてあげることは、ストレスから解放したり、気分を軽くしてあげることはもちろん、相手が冷静に自分を見つめなおし、振り返る機会を与えることになります。

そして、爆発寸前だったようなイライラした気持ちを、スッキリと楽にさせ、心を軽くするお手伝いをすることになります。

10 聴くことで相手のやる気や意欲がアップする

自分の心のなかはなかなか見えない

自分のことは自分が一番知っていると思っているかもしれませんが、必ずしもそうではありません。自分の顔ですら鏡に映さないことには、自分では見えません。他人のことは、客観的によく見えるものですが、自分のこととなるとほとんどわからず、見えていないというのが実際です。

心理学では、自分を知ることを「自己理解」といいます。自分にはどのような特性があり、何を考え、何を大切に働き、生きているのか。そして、何を望み、これからどうありたいのか……。これらについて、すべて答えられる人は少ないでしょう。

「そんなこと、考えたこともない」という人が大半ではないでしょうか。このように自分のことですら、心のなかはなかなか見えず、自己理解も難しいのです。

しかし、人との関係性をうまく結びながら働いていくためには、そうもいっていられません。将来のありたい自分の姿を考えたり、人生設計をしたりと、いろいろな選択肢のなかから自分にふさわしい道を選択していくためには、まず**自分自身のことをよく理解すること、よく知ることが大切**です。

心のなかを言語化することで「気づき」が得られる

このカウンセリングは私たちの「**働き方・生き方**」（**キャリア**）**について支援するカウンセリング**です。支援する側の人をキャリアカウンセラー（キャリアコンサルタント）といいます。現在キャリアカウンセラーの資格（キャリア・コンサルティング技能士）は国家技能資格になりました。

このキャリアカウンセラーのところに相談にくる人は、自分の進路に迷い「仕事を変わった方がいいのか」「変わるとしたら何をしたいのかが、自分でもわからない」「このままで、本当にいいのだろうか」と訴えます。そして、カウンセラーと一緒に話し合いながら、少しずつ自分の心のなかを探ります。

自分のことをありのままカウンセラーに話しながら、自分自身を見つめ、心のなかを整理していくと、「できれば、私は人に役立つ仕事をしたい」「お金よりも、やりがいのある仕事をしたい」「仕事を通して人間として成長したい」と、そのように話している自分が次第に見えてきます。

このように**心のなかを整理しながら、自分について話すことを**「**心のなかを言語化する**」**といいます。**思っていることを言葉で表すことによって、自分の心のなかが少しずつ明らかになっていきます。**話すことで、**「**気づき**」**が得られる**のです。

逆にいえば、**話を聴いてあげることは、相手に話すチャンスを与え**「**心のなかを言語化**」**させること**になります。このように丁寧に聴いてあげることで、相手が自分自身と向き合い、自分について考える機会をもち、「自己理解」を深めるお手伝いをすることになります。

話すことで心のなかを言語化し、「気づき」が得られる

気づくことから、人はよりよく変わっていく

自分の心のなかを言語化することにより、自分に「気づく」ことには、どのような意味やメリットがあるのでしょうか。

ここでAさんの例を見てみましょう。

職場の先輩との人間関係に亀裂が入り、Aさんが友人にその悩みを聴いてもらっている場面です。

Aさんは先輩のことを一方的に「最悪なやつ！」と責め、先輩とのコミュニケーションを自分から無意識に拒否し、仕事上の大切な情報交換もできなくなっていました。そのため仕事でトラブルやミスが続いていたのです。

友人に職場での状況を整理しながら詳しく聴いてもらうと、次第に自分にも悪い点や改善しなければいけない点があると「気づく」ようになりました。「そうだ、いくら嫌いだと思っていても割り切って、自分からきちんと先輩とコミュニケーションをとらないといけないな。職場に迷惑をかけているのは私だ」などと、Aさんは気づいて先輩に対する行動を変えるようになりました。

こうした「**気づき**」**を得ると、人の意識や行動には必ず変化が生まれます。**気づくことから人は少しずつ変わっていきます。

逆に、**もしあなたがだれかを変えたいと思うならば、いかにうまく相手に「気づきを与えるか」が大切**になります。

先の例では、Aさんは最初、先輩をただ批判するばかりでしたが、**抱える問題を話しながら自分を整理し、見つめなおすことで、次第に自分にも改善点や問題点があることに「気づき」を得ることができたわけです。**

「気づき」を得たことで、その後、職場で先輩は嫌いであっても、仕事は仕事と割り切り、さけていた先輩とコミュニケーションをとる努力をするようになりました。情報交換もしっかりして、仕事上のトラブルやミスの発生を防ぐように努めたということです。

これは「気づき」が、Aさんの行動に変化を与えた具体的な例です。

聴くことは「気づき」を与えること

人の話を聴くことは、相手に気づきを与え、変化を生み出すきっかけをつくり出します。

ミスを連発してやる気のない後輩や、落ち込んでいる同僚相手に、ただ説教したり、説得したり、批判したりするのではなく、**相手に気づかせるように上手に聴き、自ら変わるきっかけをもたせてあげることが大切**です（実際の聴き方のスキルについては、2章、3章を参考にしてください）。

人からアドバイスや指示をされて変えさせられるよりも、自ら気づくことによって自分を変えようとすることに、大切な意味があります。つまりそこには、その人自身の「自分を変えよう」とする主体性や自主性があるからです。

人を変えようとすると、上から目線で「こうしなさい、ああしなさい」と言いがちですが、本人の「気づき」により自分から変わろうとするのでなければ、人は本質的には変わらないでしょう。

「相手を変えよう」と思うなら、むしろ話をじっくり聴き、相手に振り返りをさせ、気づきを与えるように聴くことが大切です。人は「自ら気づき、自ら変わる」ことに、満足感を得るからです。

このように積極的に話を聴きながら、相手の抱える問題を一緒に整理することを手伝うのは、相手の問題解決力を育てることにもなります。部下をもつ上司やリーダーには欠かせない力だといえるでしょう。

11 話を聴くことは仕事での情報収集

コミュニケーションは情報交換の場

人とのコミュニケーションは情報交換の場です。一緒に話しながら、仕事のことや考えていることや最近の出来事などの情報を交換し合います。ですから、人とのコミュニケーションを活発にとる人は、情報交換の機会がとても多く、人に広く自分を知ってもらえる機会をもつことにもなります。

そして**相手の話を聴くことにより、多くの人を知り、相手のもっている情報を手に入れることもできます。**こうした情報のなかには、これまで知らなかったことも多いはずです。

たとえば、みなさんは異業種交流会などに参加したことはありますか？

会社と家の間をただ毎日行き来しているだけではなく、会社の外にもいろいろな仲間をもち、交流会に参加してほかの業界、ほかの会社の人たちと積極的に交流をすれば、自分の知らない世界がどんどん広がっていくでしょう。

交流会では、ありのままの自分を率直に自己紹介し、自分のことを知ってもらうこともちろんですが、同時に、参加している人の話を聴くことも大切です。

積極的に自分から話しかけ、インタビューをするようなつもりで相手の話を聴きます。

「こんにちは、どちらで働いているんですか?」「どのようなお仕事をされているんですか?」などと、相手に関心をもって声をかけます。

最初は簡単に答えられるようなシンプルな質問を投げかけ、次第に話を展開していきます。

あなたから声をかけられた人は、自分に関心をもってくれたことをうれしく思い、あなたの質問にきっと答えてくれるでしょう。いろいろな情報交換がそこから始まります。

話を聴くことで、「あなたに関心がある」と印象づけることができる

はじめて会う人には積極的に話を聴く

これは、異業種交流会の場だけに限ったことではありません。職場で、あまり面識のない先輩や後輩と話すときや、はじめて会うお客さんと接する機会も同じです。

こうした場合には、**相手に関心をもっていることを印象づけることが大切**です。

序章の「心理法則」でもすでにお話をしたように、だれもが自分に関心をもってほしいと思っているからです。

自分に関心をもって話を聴いてくれる

人に、人は好意をもちます。

ですから、はじめて出会った人には、自分がしゃべるのではなく、むしろ積極的に相手の話を聴こうという姿勢を示します。**簡単な質問を投げかけて話を聴く**ことをまず心がけましょう。

いろいろな人と交流しながら、話を聴くことを大切にすることで、視野が広がり、豊富な情報を幅広くもつことができます。聴くことを大切にすることには、たくさんのメリットがあることがおわかりになるでしょう。

聴くことは「充電」すること

人の話を聴くことにより、自分の知らない世界が広がり、新しい知識が得られ、視野が広がります。それは自分が成長できるチャンスにつながっていきます。

もちろん、相手に自分を知ってもらうために、自分を売り込んだり、自分のことを話すのは大切です。しかし、どちらが大切かといわれると、やはり相手の話を熱心に心を込めて聴いてあげることの方が大切です。

話すことは「放電」すること、聴くことは「充電」することとよくいわれます。自分が話すばかりでは、見聞や知識はあまり広がりません。しかし、話を一生懸命聴くことから得るものはたくさんあり、**自分のなかに新しい情報が蓄積されていきます。**つまり、自分のリソース（資源）が増え、充電できることになります。

そして、**熱心に聴いて相手に関心を示すことで、相手に好感をもたれ、信頼される**ようにもなります。

このように人とのコミュニケーションでは、聴くことを意識して大切にすると、自分自身の成長にも必ずつながっていきます。

第1章 まとめ

□人は自分の話を聴いてくれる人に好意をもち、
信頼する。

□自分のことばかりしゃべる人は、
周囲の人に敬遠され、嫌われる。

□話を聴くことで、相手の一番ほしがっている
ストローク（相手を認めるすべての働きかけ）を
見極められる。

□人は聴いてもらうことで気持ちが楽になり、
心がいやされる。

□話を聴いてあげることは、
ストレス解消のためのサポート。

□話を聴いてあげることは、相手の心のなかを
「言語化」させることになる。

□相手を変えようと思ったら、聴いてあげることで
「気づき」を与える。すると変化を生むきっかけを
つくり出すことができる。

□相手の話を聴くことにより、
さまざまな情報を手に入れることができる。

第2章

だれでもできる！聴き上手になるちょっとしたコツ

これさえ知っていれば、あなたも今日から「聴き上手」！信頼関係を築けます。

12 相手に視線を向ければ関心をもっていることが伝わる

ながら聞きは、相手を不安にさせる

だれかに話しかけたときに、相手が自分の方を見ようともせずにパソコンの画面を見たままだったらどう思いますか？　雑誌や新聞を読みながらあなたの話を聞いていたり、仕事の書類に目をやりながら聞いているとしたらどうでしょう。

このようなことは、職場やふだんの生活の場でもよく経験することでしょう。せっかく話しかけているのに、視線を向けてももらえず、返事もないままだったらイライラして怒りを覚えるのはもちろん、「ねえ、ちょっと、あなた聴いているの？」と、相手がちゃんと自分の話を聴いているのかどうかを確かめたくなりますよね。

相手に視線を向けなければ、聴いていることが伝わらない

相手からは「ああ、聞いているよ」という返事が返ってくるかもしれませんが、**相手が聴いているかどうかを確かめずにいられなくなるのは、相手が話しているあなたの方をちゃんと見てくれていないから**です。

視線を向けることは相手に関心をもつこと

「あなたの方を向いていなくても、ちゃんと聞いていますよ！」と言い訳をされても、人は納得しないものです。自分はちゃんと聞いているつもりでも、相手に確かに「聴いてもらっている」と伝わらなければ、聴いていることにはなりません。

話している人の方を見ないと「無関心なのではないか」「自分の話などどうでもいいのではないか」と相手を不安な気持ちにさせてしまうでしょう。

相手を安心させるには、**身体や視線を相手の方に向け、「ちゃんと、聴きますよ（聴いていますよ）」というサインを送ることが大切**です。ほんのちょっとしたことにすぎませんが、相手に視線を向けることは聴くうえでとても大切なことです。

たとえば、病院の医師はまず患者さんの方に身体を向けます。そして患者さんが話す様子を観察し、訴えをよく聴くことから治療が始まります。つまり、患者さんの話を聴く段階から、もう治療は始まっているのです。医師が熱心に視線を向けてまず話を聴いてくれるだけで、患者さんは安心して救われるように感じるでしょう。

目は心の状態をうつし出す

「目が優しい」「目がほほえんでいる」「目が冷たい」「目が怖い」など、「目」

にはたくさんの表現がありますね。

「目は心の窓」ともいい、表情のなかでも一番大きな影響力をもち、いろいろな印象を相手に与えます。

話を聴くときにも目は口ほどにものをいいます。目がぼんやりうつろ、目がおちつきなく動くなど、**相手の目の表情をよく観察しながら聴くと、相手の「心の状態」も知ることができます。**

言葉では「大丈夫です！」と強気で言っていても、目が不安そうだったり、目がウルウルしていることで、「心の底では本当は自信がないのだな」ということを察することができます。

話を聴く側の目の表情も大切です。聴くときは、**温かい視線を送り「なんでも安心して話してください」というサインを送ります。ゆったりと柔和な表情で聴く**と相手も話しやすいでしょう。

また、「大変ですね」「苦労しているな」と、**話の内容に合わせた表情をする**ことも大切です。話し手は聴き手の表情を見ながら「ああ、自分のことをわかってくれているな」と安心するのです。

13 話しかけるときにマイナスの言葉をかけない

声かけの言葉や話を聴く場所には注意して

いつもと様子が違う、調子が悪そうだという人を見かけたら、あなたはどんなふうに声をかけますか？　メンタルヘルスに不調を抱えている人に声をかけるときは特に注意が必要です。次の例は、ある会社の先輩Aと後輩Bの会話です。最近、元気がなくて仕事上でのミスが続いているBさんを心配したAさんが、何か心配事でもあるのではないかと声をかけてみました。悪い例から見てみましょう。

●悪い例

先輩A　〇〇さん、ちょっといい？（会社の廊下で呼び止める）

後輩B　え？　なんですか？

先輩A　あなた、最近様子がおかしいね。ぼんやりしているし、仕事でもミスが多いし。いったいどうしたの？

後輩B　申し訳ありません。気をつけます。すみませんでした……。

いくら後輩のことを心配しての行動だとしても、会社の廊下のような周囲に人がいる場所で「様子がおかしい」「ぼんやりしている」「ミスが多い」と、**相手のマイナス点を指摘するのはNG**です。後輩は先輩から批判されている、しかられていると思い、心を閉ざしてしまうでしょう。これでは自分のありのままを話せなくなってしまいます。

①人前では話を聴かない、**②話の冒頭でマイナスの言葉をかけない**、ということが大切です。

●よい例

先輩A　○○さん、少し時間ありますか？　よかったらちょっと話したいんですが。

後輩B え？　なんですか？

先輩A ちょっと会議室に来てくれる？

（会議室で）

先輩A 最近、疲れているようだけど、大丈夫？

後輩B ああ、すみません。大丈夫です。

先輩A 体調はどう？

後輩B ……最近なかなか眠れないんです。

先輩A 眠れない……それはつらいね。いつごろから？

後輩B はい、1カ月くらい前から毎晩。

先輩A そうか、1カ月も……それじゃつらいね。ところで仕事の具合はどう？

後輩B そんな具合ですから、集中力もないし、考えもまとまりません。ミスも多くて……。

先輩A そうか、仕事をしていても体調不良だとつらいね。君はどうしたいの？

後輩B はい、ありがとうございます。そうですね、しばらく休みをとりたい

相談事は人前ではなく、別室でじっくり聴く

んですが……。

悪い例のように人前で話を聴くのではなく、**よい例では別室で話を聴いています。**

また、**相手を一方的に批判せず、共感しながらいたわりの気持ちをもって聴いていく**ので、相手もありのままの気持ちを素直に出しやすくなります。

ただし、心の不調を抱える人がいる場合は、話を聴くだけでなく、**話の内容によっては早めに専門医を紹介すること**も**大切**です。

14 うなずき、あいづちで話し手は安心する

◌ 聴いているという重要なサイン

話を聴くとき相手に**「視線を向ける」ことの大切さ**はすでに述べました。視線を向けると同時に大切なことが、もうひとつあります。それは**相手の話に「うなずき、あいづちをうつ」**ことです。「へえ、そうなんだ」「ああ、そうか」「う〜ん、そうだね」と声に出し、話を聴きながら軽くうなずいたり、あいづちをうちます。

たとえば、だまったままで話を聴く人と、うなずいたり、あいづちをうちながら聴いてくれる人では、どちらの方が話しやすいですか？　答えは明らかですね。話し手は、自分の話にところどころでうなずいてくれたり、あいづちをうってくれる人の方が、話しやすく感じます。

うなずきやあいづちは、話の途中で「あいの手」を入れるようなものです。そして、「一生懸命聴いていますよ」「熱心に心を込めて聴いていますよ」「がんばって話してくださいね、応援していますよ」というサインを話し手に送ることで、たとえつらくて苦しい話であっても、「あいの手」に励まされて相手は安心して話せるようになります。

相手の様子をうかがいながら、あいの手を入れよう

うなずき、あいづちは、ふだんよりも**少しオーバーなトーン**でかまいません。「へえ」「まあ」「そう」などのあいづちを適宜入れてください。しかし、あまり頻繁にあいづちを入れると、話し手がうっとうしく、うるさく感じることもあります。様子を見ながら入れるようにしましょう。

またなんでもすぐに「**わかる、わかる**」「**なるほど、なるほど**」と、**紋切り型で、同じ言葉を繰り返す人がいますが、これはやめた方がいい**ですね。かえってわざとらしく感じられます。言葉や声に出しづらかったら、優しくうなずき、話の内容に表情を合わせて聴くだけでも十分です。

15 あいづちはあっさりしすぎず、しつこすぎずに

手応えのない「うなずき、あいづち」は相手を不安にさせる

では「うなずき、あいづち」のしかたを具体的な場面で見てみましょう。職場での先輩A（聴き手）と後輩B（話し手）の会話です。

●悪い例①

後輩B　最近、担当の仕事の量が多くて、なかなか終わらずに毎日困ってます。
先輩A　ふ〜ん。
後輩B　自分だけでこなすには多すぎて無理ですよ！　本当にいやになる。
先輩A　そう。
後輩B　この間、上司にもそのあたりをなんとなく話したんですけどね。

先輩A　ああー。
後輩B　でも、まともに取り合ってくれなくて……。
先輩A　そう。
後輩B　どう思います？　先輩も仕事量がめちゃめちゃ多いですよね。
先輩A　そうだね～。
後輩B　みんなで上司にもっと訴えた方がいいと思うんですけどね。
先輩A　ああ。
後輩B　そうしたら、上司も考えてくれませんかね。
先輩A　う～ん。

先輩Aのあいづちがあまりにそっけなく、果たして本当に関心をもって耳を傾けて聴いてくれているのかどうか、相手に伝わりません。話している後輩もまったく手応えを感じることができず、結局それ以上は話しかけられなくなってしまうでしょう。同じあいづちでも、もっと心を込めて「聴いていますよ」というサインを出して、伝えなければなりません。

ここでもうひとつ失敗しがちな「うなずき、あいづち」の例を紹介しましょう。先輩C（聴き手）と後輩D（話し手）の会話です。

●悪い例②

後輩D 昨日、お客さんがすごいクレームを言ってきて困りましたよ。

先輩C ああ、わかる、わかる！

後輩D 勝手に思い込んでいて、まったくこちらの話を聴かないんですよ。

先輩C うんうん、いるいる！

後輩D こちらが説明をしたら怒り出して……まったくもう！

先輩C なるほど、なるほど。

後輩D 店じゅうに聴こえるような大声を出して、本当に困ってしまいました。

先輩C うんうん、なるほど、なるほど。

後輩D その後は一日いやな気分で、仕事もやる気がなくなりましたよ。

先輩C そうかなるほど、わかった、わかった。

悪い例①のように、あまりに「そっけないあいづち」は、話し手にとってとてもさびしいですが、②のように一見熱心に聴いているようで、「なるほど、なるほど」と、**何度も同じ言葉をしつこく繰り返すのは、かえって逆効果**になります。「あなたの言いたいこと、よくわかりましたよ」と、話し手に熱心にサインを送るのはいいのですが、**あまりに紋切り型の繰り返し表現は耳ざわり**になり、結果的に話し手が話しづらくなるでしょう。そして、次第に話す気にならなくなるかもしれません。「わかる」「なるほど」は、1回言えばすむことです。この例のように何度もしつこく繰り返す人は、繰り返すことが「口癖」になっていることが多いようです。気をつけましょう。

ではどんなあいづちがベストなのか、よい例を見てみましょう。

●よい例

後輩D　昨日、お客さんがすごいクレームを言ってきて困りましたよ。
先輩C　まあ、そうだったんだ。
後輩D　勝手に思い込んでいて、まったくこちらの話を聴かないんですよ。

先輩C　なるほど。
後輩D　こちらが説明をしたら怒り出して……まったくもう！
先輩C　そう、それは大変だったね（相手に共感しながら）。
後輩D　店じゅうに聴こえるような大声を出して、本当に困ってしまいました。
先輩C　そうだったんだ。
後輩D　その後は一日いやな気分で、仕事もやる気がなくなりましたよ。
先輩C　わかるな～。

このように、相手がわかってほしいと思っていることを上手に受け止めて、「真剣に聴いていますよ」というあいづちのサインを送ります。**そっけなくならず、あっさりしすぎず、かといってしつこくならないように返します。**

あいづちは、話を聴く場合にはとても大切です。話し手は、熱心な聴き手のあいづちで話しやすくなります。反対に下手なあいづちは、話し手に話す気を失わせます。**会話の出だし部分では、特に質問などをせず、あいづちをうって聴くことに徹するだけでも会話は進みます。**

16 聴き上手になるためには質問上手になろう

コミュニケーション上手は質問上手

相手に関心をもっている人は、相手に対して質問をします。「その後、お元気ですか？」「最近、どうしてるの？」「この間の件、どうなりましたか？」などと質問を投げかけては、相手の現状を知ろうとします。

反対に**相手に無関心だと、質問をしなくなる**のが一般的です。

序章でも説明したとおり、関心をもつことから聴くことは始まります。

たとえば、会社の廊下で会うと必ず「どう？　最近は」「その後、どう？」と声をかけてもらうことは、だれにとってもうれしいことです。声をかけてもらい、相手の質問に答えるなかで、自然とお互いのコミュニケーションが始まります。

❖「閉じた質問」と「開かれた質問」を上手に使おう

質問には2種類あります。**「閉じた質問（クローズド・クエッション）」**と**「開かれた質問（オープン・クエッション）」**です。このふたつを上手に使い分けて、相手から話を引き出します。

「閉じた質問」は、質問を受けた相手が簡単に「はい」「いいえ」、または、一語で答えることができるように、限定して聴く質問です。たとえば、「新しい仕事はおもしろいですか？」「新しい仕事にはもう慣れましたか？」と質問すると、相手は「はい」または「いいえ」で答えるでしょう。ここからコミュニケーションを深めるには、さらに次の質問をしないといけません。

一方、「開かれた質問」は、「新しい仕事はどうですか？」「どんな仕事をされているのですか？」などと、限定しないオープンな質問です。相手は「はい、いいえ」だけでは答えられません。たとえば、「新しい仕事は考えていたよりも、いろいろおもしろいし、やりがいがあってとても楽しいですよ」「新しい仕事はけっこう大変ですが、少しずつみなさんに教えてもらいながら慣れてきました」などと、相手は自由に思いのままを答えることができます。

そのため、開かれた質問を上手に使うことによって、コミュニケーションは深まり、その後の話が広がります。そして、**聴きながら相手からの情報を多く収集できる**というメリットがあります。

質問は、「具体的には？」「たとえば？」「どうして？」という5W2H（いつ・だれが・どこで・なにを・なぜ・どのように・どのくらい）**を使って聴く**と、話を詳しく引き出すことができます。

相手に関心をもち、質問を投げかけ、話を引き出していく。聴くことは「**インタビュー」のような要素**があります。相手にインタビューするかのように質問を上手に投げかけて聴いてみましょう。

初対面の人と話すときは「閉じた質問」が有効

聴き上手な人は開かれた質問を効果的に使って会話を進めることが多いですが、初対面の人と話すような場面では、まず閉じた質問を投げかけ、スタートすることも大切です。

「閉じた質問」と「開かれた質問」を上手に使い分けよう

いきなり開かれた質問から入るのではなく、「ご出身はどちらですか？」「今日はとても寒いですが、冬は好きですか？」など、相手が答えやすい質問からスタートしてみましょう。

また、閉じた質問は話の大切な要点を確認するときにも重要な役割を果たします。「それでは、来月末の締め切りということでよろしいでしょうか？」「では、来週の火曜日にまたお話をすることでいいですか？」など、**確認をとる場合には、閉じた質問が有効**です。

17 上手に質問するには「話の3要素」を押さえよう

話の3要素とは

話の内容には、**①事実**（**出来事**）、**②気持ち**（**感情**）、**③欲求**（**願い**）という3要素があります。話を聴くときには、話の3要素を頭に置いておくとよいでしょう。

①事実（**出来事**）

事実は「何があったのか？」「何が起きたのか？」「どのような状況なのか？」「何が問題なのか？」「どのような事情があるのか？」など、具体的なことです。

まず**その人に起きたこと**（**起きていること**）、**状態**（**状況**）についてじっくり聴きます。

たとえば「ずっと会いたいなと思っていた人に、先週会えたんですよ」「4月から仕事が変わって、通勤時間が前よりかかるようになりました」「来年、もうひとり子どもが生まれることになりました」などといった、具体的な出来事や事実です。相手に何があったのかをまず正しく把握します。

②気持ち（**感情**）

そのこと（**事実**）**に対して相手はどのような気持ちや感情か**を聴きます。

「どんな気持ち？」「それに対してどう思っているの？」「どう感じているの？」などと、相手の考えや気持ちを引き出します。相手は「うれしかった」「困った」「くやしい」と、そのこと（事実や出来事）に対する気持ちや思いを表現して話してくれるはずです。自分の気持ちをわかってもらうことはうれしいものです。だれもが気持ちをわかってほしいという思いを、抱いているからです。

③欲求（**願い**）

事実、気持ちを引き出したら、「そうか、それでどうしたいの？」「それで、何を望んでいるの?」「どうなったらよいなと思っているの?」と**その人の願いや希望、欲求**を聴きます。事実や気持ちを聴くことに加えて、**願いを聴かれてはじめて、相手は「さて、自分はどうしたいのだろうか?」「自分は何を望んでいるのだろうか?」と、これからのことを考えるようになります。**事実や気持ちはその場ですぐに話せても、「どうしたいのか」という欲求や願いまでは考えていない場合が多いです。

「仕事がうまくいかない」(事実)、「とても悩んでいる」(気持ち)を聴くだけでなく、「どうしたいの?」「どうありたいの?」と質問を投げかけることで、話す側は自分の欲求に気づき、問題解決に近づくことができます。

「事実」と「相手の思い込み」を区別しよう

相手の話を聴くときに、区別しながら注意して聴く方がいいことがあります。それは、**事実とその人が勝手にとらえていることの区別**です。ふたつの例を見てみましょう。

例1 ①「同僚にのんびりしているねと言われた」→②「同僚は私のことを仕事ができないと思っているらしい」

例2 ①「仕事で失敗してしまった」→②「お客さんに契約を解除されるだろう」

このふたつの例の②は必ずしも事実ではなく、その人の思い込み、勝手なとらえ方にすぎません。ですから、**話し手の単なるとらえ方にすぎないことを、事実と早とちりしない**で区別しなければなりません。

こうした場合には、「それはきちんと確認したのか？」「それは、どうしてわかるのか？」と、**根拠を確認しながら聴く**とよいでしょう。とらえ方を事実と勘違いして、そのままうっかり聴いてしまうと、話が間違った方向へいってしまうので注意が必要です。

18 開かれた質問と閉じた質問を使って話を聴いてみよう

開かれた質問で感情を引き出す

第16項（84ページ）で解説した「開かれた質問（オープン・クエッション）」を使って話を聴く方法を、実際の例を参考にして見てみましょう。

この例のシチュエーションは、先輩Aが、たまたま昼休みに最近元気のない後輩Bに声をかけたところから始まります。ふたりは同じ営業部に所属していて、先輩Aは5年目、後輩Bは2年目の社員です。

●よい例

先輩A　元気？　どう、その後？

後輩B　ああ、先輩、いや〜、うまくいきませんよ。

先輩A うまくいかないって？　なんでも聴くよ。

後輩B ええ、担当のエリアが広すぎて大変です。だから成績もいまいちで、ダメですよ。

先輩A 君の担当エリアは、確かに広いから大変だね。成績もいまひとつなのか……そうか〜。

後輩B そうなんですよ、もういやになりますよ。そもそも自分は営業には向いてないし……。

先輩A 確かに結果が出ないと、いやになるよね。営業には向いてないと考えているの？

後輩B ええ、向いてないような気がする……。

先輩A そうか……よかったらどうしてか、そのへんのこと聴かせてくれない？

後輩B 私はコミュニケーションが苦手ですし、なかなか思うようにお客さんと話ができないんです。だから結果が出ないのではないかと。

先輩A コミュニケーションが苦手でうまく話せないと思っているんだ……そ

れはつらいね……。

このようにまずは、先輩Aが後輩Bに気軽に声をかけることから会話がスタートしました。

先輩Aの「うまくいかないって？」「よかったらどうしてか、そのへんのこと聴かせてくれない？」は「開かれた質問」です。**「開かれた質問」を使って、事実や感情を引き出していきます。**

それに対して悪い例を見てみましょう。

●悪い例

先輩A 担当エリア、広くても大丈夫だよ、がんばれよ！　前はオレもけっこう広いエリアを担当したけど、がんばってなんとかやったよ。大丈夫だよ。心配するな！

後輩B ……そうでしょうか。

先輩A 最初はだれでも営業は向かないと思うもんだよ。でも慣れだよ、経験すれば大丈夫だよ。なんとかなるもんさ。心配するなよ！

後輩B はあ……。

先輩A いやいや君はコミュニケーション下手じゃないよ。うまい方だよ。気にしないでガンガンやれよ！

先輩Aの対応は、悩む後輩の話をじっくり聴くこともせず、ただ励ますだけの典型的な悪い例です。後輩の気持ちや悩みをまったく受け止めていません。

また、自分は「コミュニケーションが苦手」という後輩に対して、先輩Aは「そんなことはないよ。君はうまい方だよ」と否定して返しました。こうしたときには、**根拠もなく相手の言葉を否定してすぐに励まそうとしてはいけません。まずは、相手をそのまま受け止め、よい例のように「苦手と思っているの」「具体的に話して」と返し、さらに詳しく聴いてあげる**ことが大切です。

19 相手に共感していることを伝えるコツ

だれもが共感してくれる人を求めている

話を聴く場合にもっとも大切なことは、**相手の気持ちを理解して、その気持ちに共感して返すこと**です。「共感」とは、あたかも相手が感じているのと同じように、一緒に感じ、それを相手に「あなたの気持ちがよくわかりますよ」と伝え返すことです。

話を聴いてもらうことのなかでも、人は特に**自分の「気持ちや感情」をわかってくれる相手を求めています**。つまり、話を聴いてもらい、自分の気持ちをわかってもらいたいという願いが共通してあるのです。

第17項（87ページ）で、「話の3要素」、①事実、②気持ち、③欲求を聴くことが大切なポイントだと説明しましたが、この**3つの要素のなかでもっとも大**

切なのが、②の「気持ち」を聴くことです。

私たちは話を聴く場合、どうしても①の「事実や出来事」ばかりを集中して聴きがちですが、②の気持ちに焦点をあてて聴いてあげることの方が大切です。事実や出来事ばかりを聴くだけでは、まるで警察の事情聴取です。心のなかにあるその人の気持ちを聴き、「あなたの気持ちがわかりましたよ」と共感して返すことは、その人への優しいいたわりや思いやりです。

⁘ あいの手や表情で「あなたの気持ちがわかります」と伝える

「まあ、大変でしたね」「そうでしたか、それはお困りだったでしょうね」「そうでしたか、それは落ち込んだでしょうね」「まあ、それはうれしかったでしょうね」などと話を聴きながら、そのつど共感を示すようなあいの手を入れます。

よいことに対しては、笑顔で明るく表情をつけて一緒に喜び、うれしそうに共感します。大変なこと、落ち込んだことなどネガティブなことに対しては、相手と表情をそろえて「大変でしたね」と、ゆっくりしみじみと気持ちを理解

したことを伝えます。すると相手は、「ああ、この人は私の気持ちをわかってくれた」と安心するでしょう。そしてつらい気持ちは軽くなり、うれしい気持ちはもっと強くなるでしょう。

しかし、「他人の気持ちなど本当にわかるのだろうか」という疑問もあります。みなさんはいかがでしょうか。

これまで一度も自分が経験したことのないようなことを聴く場合、相手の気持ちに共感することなどできるでしょうか。

仕事を探してもなかなか決まらないあせりや不安、営業成績がなかなか上がらない絶望感など、自分がこれまで経験したことがないことを理解して共感することは、本当に難しいものです。

「共感」と言葉では簡単にいいますが、実際には、相手の気持ちに共感することはとても難しいことです。「共感はやさしい」ととらえていると気を抜いて適当に聴きがちですが、「共感は難しい」と考えると、相手の立場に立って真剣に聴かないといけませんから、おのずと熱心に話を聴くようになります。ですから、「共感は難しい」といつも心にとめて話を聴くことが大切です。

共感性を高めるために、ふだんから感性を磨こう

共感性を高めるには「感じる心」を磨こう

共感性を高めることは、コミュニケーションを深め、人間関係を形成するうえでとても大切なことです。**共感性が高い人は周囲から信頼され、必ず好意をもたれます。**「この人は私の気持ちをわかってくれる人」と思われることで、自然に人が集まってくるためです。逆に、人の気持ちもわからないようなリーダー（先輩や上司）には、だれもついていきません。

こうした共感性は「感性」の問題です。つまり「感じる心」といえるでしょう。個人差もあります。

しかし、人間関係で相手をいつも大切にし、相手の気持ちをわかろうと心がけている人は、次第に共感性が磨かれます。ある意味、**共感性は訓練**といってもいいかもしれません。

また、心がふるえるような感動を味わう映画やドラマを見る、小説を読んで主人公の感情をイメージしてみる、音楽や美術を鑑賞する、旅に出て美しい景色や料理を味わうことなどでも共感性は磨かれます。いろいろなタイプの人と交流を深め、人それぞれの異なる感じ方や考え方、とらえ方を知ることも大切です。

共感性は一朝一夕には磨かれません。ふだんから絶えず感性を磨き続ける努力を欠かさないようにしましょう。

20 自分が同じような経験をしたつもりで共感の気持ちを伝える

相手が自分の思いに共感してくれないと話せなくなる

前項で出てきた「相手に共感していることを伝える」スキルを、実際の場面で見てみましょう。職場の同僚（聴き手A・話し手B）同士の会話です。

●悪い例①

話し手B　ねえ、聴いて！　うれしいことがあったのよ！
聴き手A　え？
話し手B　あのね。お客さんからとってもほめられたの。
聴き手A　へえ〜。
話し手B　「とても説明がうまいし、すごくわかりやすいですね」と言われてうれしかった！

聴き手A　そう。

話し手B　「ほかの人でなく、また、あなたに来ていただきたいです」だって。とてもうれしい。

聴き手A　そうだったんだ。へえ〜。

話し手B　がんばったかいがあったな！と、あとで思わずガッツポーズが出てしまったのよ。

聴き手A　そうか〜。

話し手Bは、お客さんからほめられたことを、同僚である聴き手Aに一生懸命に話しています。ところが聴き手Aは決して共感的でなく、とてもそっけない返事をしていますね。せっかく話し手がうれしかったことをわかってほしいと思っているのに、このような会話の進め方では共感しているとはいえません。

もっと、**相手の気持ちをイメージし、あたかも自分が同じような経験をしたかのように聴く**ことです。そして、「あなたの気持ち、わかりましたよ」と共感のサインを、もっと送ってあげてください。

もうひとつ悪い例を見てみましょう。やはり会社の同僚（聴き手C・話し手D）の会話です。

●悪い例②

話し手D　聴いてよ！　昨日、仕事が終わって帰ろうとしたら、上司に呼ばれて「明日までにこれやっといてね」と、書類をわたされたんだ。参ったよ！

聴き手C　へえ、そう。まあ、考えようによっては期待されているんだよ、君。

話し手D　え〜。それから頼まれた仕事を始めたんだけど、手こずって終わらずに困ったよ！

聴き手C　まあ、そういう場合もあるよ。

話し手D　結局、終電までかかっちゃったんだ。すごく疲れた。今日は寝不足だよ！

聴き手C　へえ。

話し手D　でもなんとかやりとげたし、さっき上司に提出したら「よくやってくれた。ありがとう。助かるよ」なんて言ってもらえて、昨日の苦労も報いられたよ。

聴き手C　ああそう。

この聴き手Cも相手の気持ちに寄り添って話を聴いていません。共感的に応えていませんね。同僚は聴き手Cに対して、大変だったできごと、苦労したけれども上司からほめられ、苦労が報いられてうれしかった気持ちをわかってほしい、共有してほしいと思っています。

しかし、聴き手Cはその苦労はもちろん、うれしかったことに対しても共感的な応答をしていません。また、「期待されているんだよ」「そういう場合もあるよ」などと、自分のとらえ方を相手に押しつけるような対応をしています。これではダメです。相手は「この人にはもう話さない」と、心のなかで感じたかもしれません。

悪い例②と同じシチュエーションでよい例を見てみましょう。

●よい例

話し手D 聴いてよ！　昨日、仕事が終わって帰ろうとしたら、上司に呼ばれて「明日までにこれやっといてね」と、書類をわたされたんだ。参ったよ！

聴き手C へえ。それは大変だったね。

話し手D そうなんだ。それから頼まれた仕事を始めたんだけど、手こずって終わらずに困ったよ！

聴き手C なかなか終わらなかったんだ、大変だったね～。

話し手D 結局、終電までかかっちゃったんだ。すごく疲れた。今日は寝不足だよ！

聴き手C ええ！　終電！　そんなに遅くまでか。疲れたでしょう？

話し手D そう。でもなんとかやりとげたし、さっき上司に提出したら「よくやってくれた。ありがとう。助かるよ」なんて言ってもらえて、昨日の苦労も報いられたよ。

聴き手C そうか、それは本当によかったね。苦労が報いられたね！

話し手D　上司も、完成するのは無理かと思ってたんだって。だから、本当にありがたいと言ってたよ。上司にも感謝されて、うれしかったよ。

聴き手C　よかったね。それは、うれしかっただろうね。

このよい例では、聴き手Cが「大変だったね」「疲れたでしょう」「それは本当によかったね」「報いられたね」「うれしかっただろうね」など、一緒に気持ちを分かち合い、あたかも**相手の気持ちになったかのように、共感的な応答をしています**。

相手の気持ちや感情を共有しながら話を聴き、タイミングよく共感的に返すことは、決してやさしいことではありません。相手の気持ちに共感するための第一歩は、心から真剣に話を聴くことです。

そして、場合によっては、必ずしも**言葉で返さなくても、話し手と表情を同じようにそろえながら聴くだけで、共感したことになります**。

21 要点を繰り返してあげると話し手の考えが整理される

話の大切な核となる要点を繰り返す

話を聴きながら、**相手の話のポイントを短くまとめて繰り返すと、話が整理され深まる**効果があります。繰り返すというのは、録音したかのように、すべてをはじめから正しく繰り返すわけではありません。俗にいう「おうむ返し」とはまったく違います。ふたつの例をあげて考えてみましょう。

例①

話し手　最近、同じことの繰り返しをしているようで、仕事にやりがいを感じないの。仕事を変わろうかな、どうしようかなと迷っているんだ。

聴き手　そうか、やりがいがないので仕事を変わろうかと迷っているんだね。

例②

話し手　将来のために、いま○○の資格をとりたいなって考えているんだけど、お金も時間もかかるしね。どうしようかなって迷っているんだ。

聴き手　へえ、そうなんだ。資格をとりたいけど、どうしようか迷っているんだね。

この例①②のように、「(要するに)……**ということですね**」「(つまり)……**ということですね**」と、相手が話のなかで「一番伝えたい、わかってほしい」と思っていることを整理してポイントだけを簡潔に短く返します。

要点を繰り返すことで相手は安心する

話の大切なポイントを繰り返して相手に伝え返すことは、どのような効果があるのでしょうか。

話し手は、話した内容のなかで一番伝えたいことがまとめられ、自分に返ってくると、「この人は自分が言いたいことをちゃんとわかってくれた」と何よりも安心します。また、**「ちゃんと熱心に聴いて、理解してくれようとしているな」と感じ、聴き手を信頼します。**

そのため、「安心してもっとありのまま話せる」ととらえ、話は次第に深まり発展していきます。

∴ 話し手自身の内面の整理をうながす効果も

話し手が話す場合には、心のなかが整理されているとは限りません。

しかし、**聴き手が要点を返すことによって、話**（**内面**）**が整理されるという効果が出てきます。**話し手は自分の考えや思いを言語化し、少しずつ整理しながら話を進めることによって、次第に自己理解を深めることができるようになります。「ああ、自分は相手にそう話しているんだな」と、客観的に自分を理解するようになります。

ですから、聴き上手な人は、相手の自己理解を深めるお手伝いをすることにもなります。

⁘ 聴くスピードを話すスピードにそろえてあげる

話すスピードよりも聴くスピードの方が3～4倍も速いといわれています。相手が話している最中でも、聴き手は次の質問やアドバイスを頭のなかで考えがちです。そして、次の質問やアドバイスを思いつくと、相手がまだ話しているのにもかかわらず、話の腰をおり、口をはさんでしまいます。

こうしたことを防ぐためにも、要点を繰り返す聴き方は有効です。真摯(しんし)に話を聴きながら、ところどころで相手の話をまとめて整理し、ポイントを伝え返すと、先走ることができなくなります。**まとめて整理しながら返す聴き方は、話すスピードと聴くスピードの両方をそろえるためにも大切**なことです。

22 話し手がわかってほしいと思う「キーワード」を繰り返す

うわべだけの慰めや自分の体験談を話すのはNG

前項で説明した「要点を繰り返しながら聴く」というスキルについて、具体的なシチュエーションで見てみましょう。職場の同僚（聴き手E・話し手F）同士の会話です。

●悪い例

話し手F　昨日、うっかりミスしてしまって。ショック！
聴き手E　へえ。そうだったんだ。
話し手F　あわててたもんだから。つい。
聴き手E　ふ〜ん。

話し手F　お客さんからクレームがきてね。
聴き手E　クレーム？
話し手F　注文と違う商品を届けてしまって、すごく怒られた。
聴き手E　ああ、私にもあるある、そういうこと。でも大丈夫だったよ。
話し手F　上司にも呼ばれて厳しく注意されて、すごくショック。
聴き手E　上司に呼ばれても大丈夫だよ、聞き流しておけば？
話し手F　始末書を書かされたよ！
聴き手E　そんなの形だけだよ。

この例では、聴き手は最初「そうだったんだ」「ふ〜ん」などと、相手がミスをしてショックだったという話をきちんと聴いているような雰囲気です。けれども、話が進むうちに「ああ、私にもあるある、そういうこと」と、自分の経験を話し出してしまったり、聞き流すことをすすめたり、「形だけだよ」とうわべだけの慰め(なぐさ)を言っています。

これでは話し手は、聴き手に「本当にわかってもらえた」「聴いてもらえた」

という安心感、ほっとした気持ちなどはもてません。**自分の話や経験をすぐに話すのもNG**です。もっと、相手の話の要点をまとめて返し、「わかりましたよ」と伝える表現をすることが必要です。

では、次によい例を見てみましょう。

●よい例

話し手F 昨日、うっかりミスしてしまって。ショック！
聴き手E ミス？　大変だったね。
話し手F うん。あわてていたもんだから。つい。
聴き手E そうか……。あわてて……。
話し手F そうなの、そしてお客さんからクレームがきてね。
聴き手E まあ、クレームがきたんだ。
話し手F そうなの。注文と違う商品を届けてしまって、すごく怒られた。
聴き手E 違うものを届けて……怒られたのね。そうか……大変だったね。
話し手F うん。そのうえ、上司にも呼ばれて厳しく注意されて、すごくショック。

聴き手E　上司からも？　そりゃ、ショックだったね。

話し手F　そしてさ、始末書を書かされたよ！

聴き手E　始末書か……。

このように、話し手の気持ちに寄り添い、**話し手が一番わかってほしいと思っている「キーワード」を繰り返し**ながら、「言いたいことはわかりましたよ」というサインを送ります。

話し手は、聴き手が自分の話したことを、正しく理解してくれたと確認しながら話すため、安心して話を続けることができます。話したあとも、マイナス感情を「放てた」ことで、気持ちはずっと楽になります。

23

沈黙になってもあせらず聴こう

無理やり話をさせるのは逆効果

話の内容によっては相手が途中で沈黙してしまうこともあります。

そんなとき、「だまっていないで、何か話して」「だまっていたら、なんのことかわからない」「何を考えているの？」と、だまっている相手に話をするように強要しがちです。

「だまってないで、何か言って」と迫れば迫るほど、相手はますますだまりこくってしまい逆効果になります。無理やり話すことをせかされたり、強要されたりすると、ますます話しづらくなるものです。

それでは、こうした場合、聴き手はどうしたらよいのでしょうか。そして、コミュニケーションをうまく続けるにはどうしたらよいのか考えてみましょう。

◌ 話し手の沈黙には意味がある

沈黙には意味がないと考える人もいますが、そうではありません。**沈黙にも実は意味があります。**

話の途中から沈黙する場合には、次のような意味が考えられます。

①自分の考えを心のなかでいろいろ整理している

②話をしているうちに感情が高ぶり感情的になりそうになったので、感情を静めておちつかせるために、沈黙している

③説明が難しくてうまく伝えられないので、どのように話をしようかと考えている

④いくら話しても相手がわかってくれないので、話すことをあきらめてしまった

⑤相手がもともと嫌いで話したくなかったので、沈黙することで相手を拒否している

沈黙した状態もあせらず受け入れてあげよう

沈黙にはいろいろな意味があるので、話すことを強要することには無理があります。話を続けたい場合には、相手の表情や態度をよく観察して、沈黙がなぜ起きているのか、対応策を考えることが必要です。

あせらず沈黙につき合う心のゆとりをもとう

話の途中で、相手がだまってしまった場合には、どのように対応したらいいでしょうか。話すことを相手に強要しても、強要すればするほど、口を固くつぐんでしまうでしょう。

基本的な対応策としては、**決してあ**

せらずに沈黙につき合い、ゆっくり話し出すまで少し待ってあげることです。聴き手には、いつもこういった心のゆとりが必要です。

そして、相手をよく観察してください。沈黙している様子（つらそう、苦しそう、泣きそう、涙を流しているなど）によっては、優しく声をかけてあげた方がよい場合もあります。「大丈夫？　無理しなくていいですよ。また今度、一緒に話しましょうか」と温かく声をかけ、安心させてあげるといいでしょう。

また、**沈黙が少し長引くようだったら、これまで聴いた話を振り返って、ざっくりと要点をまとめて相手に伝え返してあげるとよい**でしょう。「そうでしたか、○○さんと意見が違って困っていたんですね。本当に大変でしたね」と、共感しながら話の要点を絞って、繰り返します。

すると、話し手は自分が伝えたい内容を、とてもよく理解してくれていると感じて、沈黙のあと、しばらくして再び話が始まる場合があります。

ですから少々沈黙が長くても、じっくり待ち、あせらず、相手が話し出すタイミングを見ていてください。

◌ 沈黙も受け入れることで話し手は安心する

相手の話を聴いてあげる場合には、ありのままの相手を受け入れることが何よりも大切です。話し手は、自分を受け入れてくれる人に対しては心を許して安心し、話しやすくなるからです。

この場合のありのままの相手を受け入れるということは、「**沈黙している状態の相手**」**であってもありのまま受け入れる**、ということを意味します。

ですから、途中で相手がだまってしまっても、話すことをうながすのではなく、その状態も大切に受け入れてあげましょう。

相手はだまっていることも含めて、聴き手が自分のことを受け入れてくれることを望んでいます。沈黙を受け入れてくれることに安心すれば、しばらくして、また話すこともできるようになるでしょう。

24 自分の話はなるべくしない、アドバイスをしようとしない

自分の話は相手の話が終わったあとで

相手の話を聴いていると、自分も同じような経験や考えをもっていることに気づかされることがよくあります。

相手の話を聴きながら、内心で「そういえば、私もそういう失敗をした経験がある！」「そうだよね、そう考えるのが当たり前だよね、わかるな！」「その上司の方がおかしいよ、絶対！　そういう上司と私も以前仕事をしたことがあるよ」などと思うことはありませんか？

このように相手の話を真剣に聴いているようで、頭のなかでは自分のこと（経験）と照らし合わせて聴いていることがけっこう多いものです。そのため、相手の話が一段落すると、今度は「自分の番」とばかりに、自分のことを一気に

しゃべり出す人がいます。残念ながら、これではいい聴き手にはなれません。自分のことをしゃべりたくなる気持ちはよくわかりますし、自分のことを話したいという欲求をもっているのは多くの人の共通点です。

しかしこんなときに、自分がしゃべりたい気持ちをぐっと抑えて、まずは相手の話を最後まで聴いてあげることができれば、あなたも聴き上手に一歩近づけるはずです。もし、自分の話をしたいなら**自分の話は相手がしゃべり終えてから**。相手の話の腰をおらず、できる限り最後にしましょう。

アドバイスより最後まで聴いてあげることが大切

人から相談を受け、悩んでいることや困っていることを聴いてあげていると、何かいいアドバイスをしてあげなければ、という気になることはありませんか？　相手の話を聴きながらも、頭のなかでは「何をアドバイスしようか」「どのような情報をあげようか」と考えがちになります。

そうなのです。こんなとき、真剣に相手の話を聴いているようでいて、実は頭のなかではアドバイスをあれこれ考えていることが多いものです。ですから、自分のなかでいいアドバイスを思いつくと、たとえ相手が話している途中でも、すぐに自分のアドバイスを話し出してしまいます。そして、「ああしろ、こうしろ」「こうした方がいい」「こういうやり方がよい」と、相手の話が終わらないうちから、自分の考えを押しつけることになります。

こうしたアドバイスが相手の役に立っているかというと、必ずしもそうではありません。いいアドバイスができたと、単に聴き手の自己満足にすぎない場合の方が多いのです。

ちょっと話を聴いただけで**すぐに思いつく程度のアドバイスは、本人がすでにいろいろ考えている**ものです。相手はそのうえで、「本当にこれでいいのか？」「ほかに何かいい答えはないか？」と迷っているから話すのです。

話し手が求めているのはアドバイスよりも、話をだれかに聴いてもらうことです。よかれと思ってアドバイスをすると、「その程度のことはとっくに自分で考えている」と、相手を失望させてしまうかもしれません。

25 自分の話ばかりせず上手に話を聴くには

経験からのアドバイスは自己満足にすぎない

前項で話を聴いていると、ついアドバイスをしたくなるということを説明しました。ここではその悪い例を見てみましょう。

同期入社のAさんとBさんのランチタイムの会話です。Bさんは来年はじめての出産を予定。その後1年間の育児休暇をとって復職を希望しています。仕事は継続したいけれど、育児との両立に不安を抱えているようです。聴き手のAさんは、すでに子育てをしながら職場復帰をして働いています。

●悪い例

Aさん　いよいよ1月には出産ね。身体の方はどう？

Bさん　ありがとう、すべて順調よ。でも、朝の通勤電車に乗るのがつらくなってきたわ。

Aさん　順調でよかった。朝の通勤は本当に大変よね。わかるわ〜。1年間育児休暇になるけど、どう？

Bさん　そうね、育児休暇のおかげで家で子どもと一緒に毎日すごせるから楽しみ。でも、育児休暇があけてからが心配！

Aさん　心配って？　何が？

Bさん　育児や家事と仕事がうまく両立できるか、とっても心配なの。

Aさん　両立なんてなんとかできるものよ。こんな私だってできているんだから、大丈夫よ。今から心配してもダメね。そのときになったら、なせばなるよ。がんばって。

仕事と育児の両立について悩んでいるBさんに、Aさんは自分のことを話しはじめてしまいました。一緒に相手の視点に立って考えるというよりも、「いいアドバイスができて、役に立てた！」と満足感を覚えるタイプのようです。

●よい例

Bさん　育児や家事と仕事がうまく両立できるか、とっても心配なの。

Aさん　そうか、両立できるかを心配してるのね。はじめてだと心配するのも無理ないわね。具体的には何が心配なの？

Bさん　子どもが急に熱を出したりしたときに仕事を休むようなことにならないかと……。

Aさん　ああ、そうね。子どもの病気のことを心配しているのね。予定がつかないものね。そうしたときにはどうするつもりなの？

Bさん　まだ、そこまで考えてないの……。夫とも相談しておかないと。

Aさん　ご主人以外では、どう？

Bさん　そうね、夫以外にも考えておかないとダメでしょうね。

Aさん　もしものときにお願いできる人は近所にいる？

Bさん　ああ、そうだわ。近所で子どもがふたりいるお宅で、「赤ちゃんが生まれたら見せてね」と言ってくれている人がいるの。

Aさん　まあ、よかったわね。その人に一度たずねてみてはどう？

経験からくるアドバイスは聴き手の自己満足になりがち

自分の経験からくるアドバイスを話して、自己満足してしまっている悪い例に対して、よい例のAさんは、自分の考えやアドバイスをBさんに押しつけていません。最後までBさんの話をきちんと聴いていますね。

もしあなたが自分の経験談やアドバイスをどうしてもしたいと思ったら、このようにひと通り相手の話を聴くまで待つようにします。

自分の経験は最後に話して、参考にしてもらいましょう。それも、ピンポイントに大切なことだけにしましょう。

第2章 まとめ

□身体や視線を相手へ向け、
「ちゃんと聴いている」というサインを送ることが大切。

□相談を受けるときは人前で話を聴かない。
冒頭でマイナスの言葉をかけない。

□うなずきやあいづちは熱心に。
ただし、しつこく繰り返すと逆効果。

□「閉じた質問」は初対面の人に有効。
「開いた質問」なら話が展開できる。

□質問では「事実（出来事）」「気持ち（感情）」
「欲求（願い）」を整理して聴く。

□相手の感情に共感しながら話を聴けば、
話し手は安心する。

□要点をまとめて繰り返してあげると、
話し手の自己理解（気づき）が深まる。

□沈黙になってもしばらくだまって寄り添ってあげる。

□アドバイスや経験談は話を聴き終えてから。

第3章

「マイカウンセラー」になって人の心をつかむ

あなたの大切な人たちの話を聴いてあげましょう。一歩進んで、カウンセリングの初歩を教えます。

26

よき上司・部下・同僚になるには人の話を聴いてあげよう

だれもが悩み、問題を抱えている

あなたの周りの身近な人は、多かれ少なかれ心のなかになんらかの問題を抱えているはずです。何も悩みのない人、抱えている問題のない人は、ほとんどいないといってもいいでしょう。

けれども、その悩みや抱える問題を、他人にありのまま話すかどうかは、人によって違います。みなさんはどうでしょうか？　**普通は自分のマイナス情報を他人にオープンにして、話すことをためらいます**。なぜなら、他人には「よく思われたい」「幸せな人と思われたい」「同情されたくない」という思いがあるからでしょう。

最近、うつ病になる人が増えています。さて、うつ病になる人は、男性と女性とどちらが多いと思いますか？　一般的に「男性の方が多いのでは？」と答える人がほとんどです。しかし、実際には女性の患者数の方が多いのです。男性患者の方が多いと思われがちなのは、なんらかの原因で「うつ病」になり、職場で休職したり長期化して重症化するのは男性の方が多く、目立つからかもしれません。

話すことは感情の浄化をうながす

男性のうつ病が重症化したり長引く原因のひとつとして考えられるのは、男性が悩んだり問題を抱えたりしても、ありのまま他人に話をせず、**ひとりで問題を長期間抱え込んでしまいがち**だからです。「もっと早くだれかに話せばよかったのに」「身近な人に打ち明けて悩みを聴いてもらえばよかったのに」と、思わずにはいられません。

悩みや問題はひとりで抱えて、だれにも話せないときが一番つらいものです。抱えた悩みは次第に心の奥深いところに内向化し、沈殿してしまいます。そしてますます外に出せず、話せなくなってしまいます。

一方、一般的に女性は社会性が男性よりも優れている傾向にあります。そのため、自分の悩みを聴いてもらえる友人が身近に多いのです。また、女性はひとりでだまって悩みを抱え込んでいることが苦手で、抱え込むより先に、すぐにおしゃべりします。「ねえ、聴いて」とすぐにだれかに打ち明けます。

このように、女性は自分から悩みをフランクに話して聴いてもらうので、救われているところがあります。これは後述する「**話すは放つ**」（放つことは感情の浄化となり、ほっとしたりスッキリしたりする）効果なのです。

⁝ 周囲の人のマイカウンセラーをめざそう

友人をもつなら、どんな友人をもちたいか、これまで考えたことはありますか？　きっと答えはそれぞれ違うでしょう。

よい友人の条件のひとつは、「話を聴いてくれる友人」です。特にマイナスなこと、つまり、人にあまり話せないようなこと（失敗、失業、失恋、離婚、子どもや親の問題、お金の問題など）でも、ありのまま話せて聴いてもらえる友人です。

悩みを聴いてもらうと、気持ちがとても楽になり、スッキリしておちつくのはもちろん、自分のことを客観的に見つめられるようにもなります。どんなことでもありのまま話し合える友人がいると救われます。たとえ友人の数が多くても、本音が話せないような友人ばかりだとしたら、数をもっていることにはあまり意味がありません。つまり友人は「数よりも質」、そしてもつべき友人は「聴き上手」な友人です。

なんでも気軽に話せて聴いてもらえる友人は「心の財産」として、だれもが大切にしたいと必ず思うはずです。もし、あなたが**周囲の人に大切にされたいのなら、その人たちにとって「安心してなんでも聴いてもらえる（話せる）存在」になる**ことでしょう。

悩んだときには、お互いに、お抱え「マイカウンセラー」のような存在になれるといいですね。マイカウンセラーは友人との関係だけに限りません。職場での上司と部下、同僚、先輩と後輩、親子、夫婦、先生と生徒など、人間関係ではだれもが聴き上手なマイカウンセラーを必要としています。

27 職場で生きるカウンセリングマインド

なおそうとするな、わかろうとせよ

問題を抱え、悩んでいる人に対しては、話を聴きながら「相手の役に立ちたい」とだれもが思うものです。ですから、聴いているふりをしながら、頭では「何を言ってあげようか」「何をアドバイスしようか」と考えがちになり、話をきちんと聴いていないことが多いです。このことは、すでに2章でお話ししましたね。

カウンセラーにとって、とても大切な言葉（キーワード）があります。それは、**「なおそうとするな、わかろうとせよ」**という言葉です。これを**「カウンセリングマインド」**といいます。カウンセラーのハート（心もち）、心の在り方であり、話し手に対する温かい誠実な姿勢や態度を表します。

「なおそうとするな、わかろうとせよ」という言葉をそのまま解釈すれば、困難を抱える相手を「なおしてあげようとするよりも、むしろ、わかってあげようとしなさい」という意味です。

つまり、早く「相手の役に立とう」（抱える問題や悩んでいることを早くなおしてあげよう）とせず、まずは、話をじっくり聴き、相手の置かれている状況や気持ちをよく理解すること。その結果は、必ず「なおす（問題を解決する）」ことにつながるということです。

きちんと最後まで話を聴こうとせず、相手を正しく理解しようとしない人に、どうしていい助言や支援ができるでしょう。「なおそうとするな、わかろうとせよ」という言葉は、だれにとっても意味の深い大切な言葉といえるでしょう。

部下の話を聴かない上司は、いい上司とはいえない

序章でも述べましたが、**人とのコミュニケーションで満足度が高いのは、必ず話した量**（**時間**）**の多い方**です。人はたくさんしゃべることでスッキリし、満足するからです。

よい上司は部下の話をじっくり聴ける人

たとえば、会社では定期的に上司との面談があります。ふだんはなかなかゆっくり個別に対面して話し合う機会や時間がとれませんが、定期的な面談では上司とじっくり一対一で話し合う機会が部下に与えられます。

ところが一般的に40分程度の面接時間のうち、ほとんどの時間を上司がしゃべっていることが多いのです。

筆者は企業での定期面談の指導をする機会がありますが、ほぼ8割は上司がしゃべっていて、面談終了後に「よい面談ができた」と自己満足にひたるのは上司だけ、という場合が大半です。

面談を受けた部下からは、「もっと

自分の話を聴いてほしかった」「自分の考えていることや今後への希望を上司にもっと話したかった」という感想が目立ちます。

これは**しゃべった量が多いほど自己満足度が高い**という典型的な例です。上司は部下の話をじっくり聴き、部下が何を思い、何を考え、何を望んでいるかについて丁寧に聴いて深く理解しなければ、よいリーダーシップはとれません。

このように自分ばかりがしゃべりがちな上司こそ、「聴き上手」になる必要があります。面談では「なおそうとするな、わかろうとせよ」を常に心にとめながら、部下への理解を深める姿勢や態度が上司に求められます。

部下理解に努める「聴き上手」な上司に対して部下は信頼を寄せるようになり、仕事に動機づけられるでしょう。

28 本当に聴くだけでいいの？不安に思ったら……

話すことは「放つ」こと

1章で、「人の話を聴くことは、相手をストレスから解放」することだと説明しました。つまり、抱えているさまざまなストレスは、だれかに聴いてもらうだけでも気分が軽くなり、スッキリ楽になります。これを「感情の浄化」（カタルシス）といいます。この浄化は、心のなかでふたをしていた（抑圧していた）自分の感情を、外に吐き出すことです。ひとりで悩みを抱え込み、外に出せずに抑え込んでいるときほど、つらいものはありません。このようなときには「吐き出す」ことで、気持ちが軽くなるわけです。

語呂合わせのようですが、「**話すこと**」は「**放つこと**」といわれています。

つまり、**話し手は話すことで、悩みや抱える問題を「放ち」、抑えていた感情**

を**「放つ」**のです。一方、聴き手はじっくり話を聴くことによって、話し手が心に抑えていたものを「放つ」ことを助けます。

相手が「放つ」ときはひたすら聴く

聴くことの一番の効果は、相手が「放つ」ことです。なんでもありのまま「話せる」ということは、なんでもありのまま「放てる」ということです。ですから、相手が「話す＝放つ」間は、放ち終わるまで、たとえ何か言いたくなっても、**途中で口をはさむことなく、最後まで熱心にひたすら聴くことが大切**です。相手を大切にするということは、相手が「放つ」プロセスを、最後までだまって大切にするかどうかにかかっています。特に、相手が苦しいことなどつらい体験について話をする場合には、すべてを「放つ」ことを大切にしてあげてください。

相手が気持ちを「放つ」ことを助ける

筆者のようなカウンセラーは、相手を理解するために、第一に相談者の悩みや抱える問題を丁寧に聴きます。それはカウンセラーに向かって、相談者が心のなかのすべてを「放つ」過程です。すべてを話し終わった相談者の多くは、次のような感想をよく言います。

「これまで、だれにも聴いてもらうことができずにひとりで悩んでいましたが、聴いていただけて、本当に助かりました。ほっとしました」。

そして、気持ちが楽になったのか、話す前と違いほっとした笑顔すら見せる人もいます。

丁寧にひたすら「聴くだけ＝放たせるだけ」でも、このような効果がありま す。そのうえ、「話していて、ずいぶん整理ができました。やはり、もっとあの人と話し合ってみることが大切だと気づきました」と、言う人もいます。

何も助言せず、「放つ」支援をしていただけですが、相手は**話すことによって、自分を客観的に見つめなおしたり、自分の内面を整理でき、「気づき」が得られた**のではないかと思います。

カウンセラーである筆者は、ただ「今、ここで気づかれたことを大切にされたらいかがですか」と言うだけですが、改めて「話を聴くことの大切さ」を実感します。

本当に聴くだけでいいのか

なかには、「本当に聴くだけでいいのか」と疑問をもつ人もいるでしょう。「いやいや、やはりアドバイスが必要。指示や情報提供が欠かせない」と、思われるかもしれません。

しかし、「ホンモノの聴き方」ができれば、それで十分だと思います。

もし「どうしてもこれは聴くだけではいけない、助言をしなくては」「この人には、やはり情報提供が必要だ」と思ったら、相手が全部話し終えてから、つまり、全部最後まで放ってから、アドバイスや情報提供をしてあげてください。そのときでも上手に質問を投げかけ、できる限り相手に考えさせることも大切にしてください。

29 相談にのるときは場所と時間を選ぼう

立ち話ではなく、静かな部屋を確保して

「ちょっと聴いてほしいことがあるんだけど」「相談にのってもらえるかな？」「困ったことがあるんだけど、聴いてくれる？」などと、声をかけられることはありませんか？　会社の同僚や後輩から「聴いてほしい」と言われることもあるでしょう。

そんなとき、**会社の廊下など、人通りのあるような場所で立ち話をしながら聴くのは、さけた方がいい**です。

「急ぐ？　今？」と一応聴いて「はい」ということであれば、どこか、静かな部屋で話を聴きましょう。

急ぎでないようなら、後日時間と場所を決めて、改めてじっくりと話を聴い

てあげます。

立ち話で、しかも人通りがあるような場所では、事実（出来事）は話せても、それに対する自分の本音についてはなかなか話せないものです。

ですから、**気持ちや感情をありのまま話せるような場所を選ぶことは、聴くうえでとても大切な条件**になります。

特にあなたが先輩や上司の立場で、後輩や部下から相談を受けたら、職場でほかの人が聴いているような環境はさけ、個別に気兼ねなく話せるような場所に移動することです。空いている会議室、屋上など、ほかの人がいないところを選んで話を聴いてあげてください。

相談にのったり話を聴く場合には、場所選びがとても大切です。

⁝ 時間がないなかで話を聴く場合には

忙しいときは、相手の話を聴いていても次の予定が気になる場合がありますね。「会議の時間が迫っている」「来客の予定がある」「外出する時間まであと10分だ」ということを心のなかで考えていては、話を聴いていてもそわそわしておちつきません。

話を聴きながら腕時計をチラチラ見たり、うわの空で聴いていてトンチンカンな返事をしたり、イライラした表情が出てしまったりします。

このような様子は、話している相手に必ず伝わります。そして、「この人、ちゃんと聴いてくれていないな」という印象をもたれてしまいます。

時間がない場合には、「相手に悪いな」と思っても正直に話しましょう。たとえ話の途中であっても、「すみません。実はこのあと○○の予定があって」と事情を話し、話をいったん切り上げた方がよいでしょう。

うわの空で話を聴き、互いの信頼関係を壊すよりもずっとよいことです。

そして、「今日は17時以降なら空いているから、そこでゆっくり聴かせてくれる?」「もう一度、ゆっくり話をする時間をつくりたいけど、あなたはいつがいい?」と、代替案を出してあげてください。

限られた時間しかない場合には、「このあとに予定が入っているの。今は15分程度なら時間があるけど、それでもいい?」と時間に制限があることを事前に伝えておきます。

時間制限があった方が要領よく話が聴ける場合も

話を聴く場合には、時間制限がむしろ重要な場合もあります。

話し手は限られた時間のなかで、できる限り要領よく伝えようと努力するからです。

話を聴く場合には、長くてもせいぜい1時間以内が限度です。だらだらといつまでも同じことを繰り返し話す人もいますから、時間制限は効果的でもあります。

座る位置によって話しやすい雰囲気に

話を聴く場合には、互いの座る位置

も大切です。

真正面に至近距離で座ると、話し手がプレッシャーを感じてしまう場合もあるので、**相対して座る場合には、やや斜めに位置する**ように座ります。**相手が正面から顔を見られたくないようなら、90度の角度に座る**方が話しやすいでしょう。**話の内容によっては、互いに隣り合わせに座り、一緒に同じ方向を見ながら、顔を合わせずに聴く**こともあります。

このように相談にのる際には、柔軟に自分の座る位置を変えてみましょう。

つまり大切なことは、相手がリラックスして、安心してなんでも話せるような雰囲気づくりをしてあげることです。そのためには、聴き手も緊張した固い表情をせず、リラックスして聴くことを心がけましょう。

30 仕事での悩みもとらえ方によってまったく違う

同じものごとに遭遇しても、とらえ方はそれぞれ

次ページの図1・2を見てみてください。この図は何に見えるでしょうか？

図1は、黒い部分に注目すると「**人がふたり向き合って話し合っている絵**」に見えます。しかし、白い部分に注目すると「**さかずき**」の絵に見えませんか？

図2は、左を向いている「**アヒル**」、同時に右を向いている「**ウサギ**」にも見えますね。このふたつの絵のように、見方がいろいろある絵はほかにもたくさんあります。このように、見ている絵（事実）はひとつであっても、人によってその見方はさまざまです。

実は、このような見方やとらえ方の違いは、コミュニケーションのなかで、話し手と聴き手との間によく起きることです。話し手はこの絵を「アヒル」だ

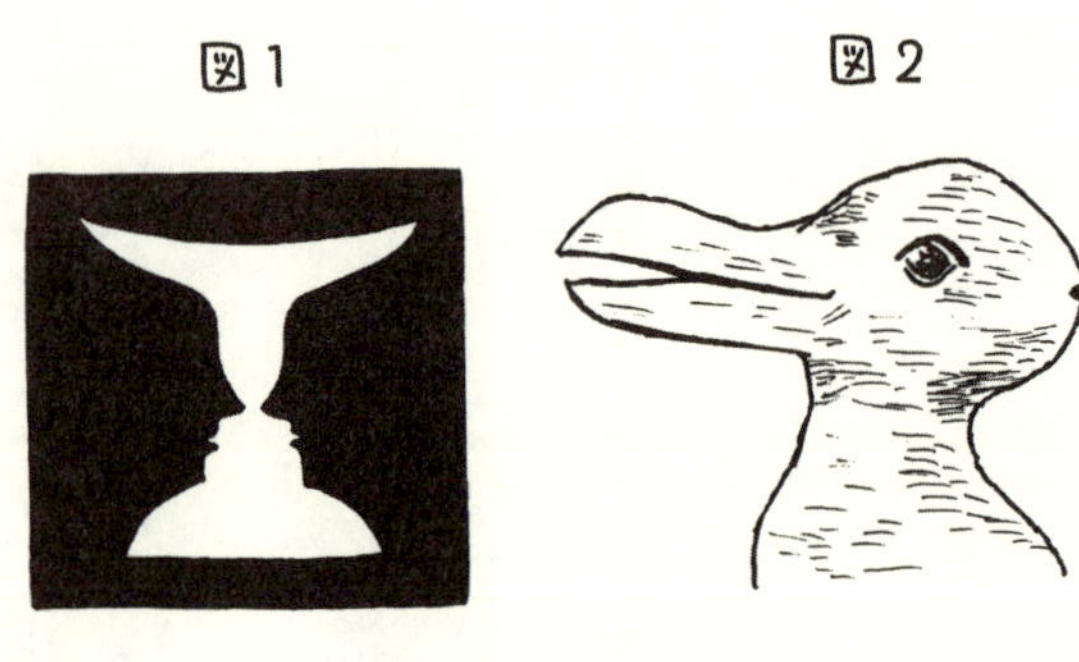

図1も図2も見る人によって見方が変わる

と思って話していても、聴いている人は「ウサギ」ととらえながら聴いていることがあります。「自分と同じように相手もとらえているだろう」と、私たちは勝手に思い込みがちです。つまり、**互いの見方が違っていることに気づかないまま、コミュニケーションをしていることがあります。**

たとえば仕事で、「この程度のことはよくあることで、お客さんにはあとで事情をよく説明すればすむだろう」と考えていても、お客さんは「とんでもないことが起きた。こんなことがあっては、あなたの会社を信頼できない」と怒っているかもしれません。とらえ方、考え方の違いが起きたために信頼関係が崩れてしまうケースです。

コミュニケーションの行き違いはとらえ方の違いで起こる

コミュニケーションでは、誤解がよく起きます。その原因となるのが、「とらえ方の違い」です。たとえ「事実」（起きた出来事）はひとつでも、相手と自分のとらえ方にギャップがあり、そこに問題が起きるわけです。

相手との間に、そのような誤解や問題を起こさないためにいつも心に留めておかなければならないことがあります。それは、**「相手は何をどのようにとらえているのか」をまず理解すること**です。

つまり、話を聴くときには「自分がとらえているようには相手は必ずしもとらえていないかもしれない」ということを前提にして聴くということです。

話し手の発信する情報のなかには、相手が何をどのようにとらえているかが必ず含まれています。ですから、相手を正しく理解するためには、自分のとらえ方を基準に聴こうとせず、客観的に聴き、相手が何をどのように考え、とらえているかを、よく理解することが欠かせません。

31 職場でこんな悩み方をしている人はいませんか？

自分の視点を相手に押しつけない

相談にのるときは、話を聴きながらすぐに「答えをあげよう」「アドバイスをしよう」と考えないことが大切だと、すでに説明をしました。つまり身近な人の「マイカウンセラー」になるには、まず**助言をすることよりも、相手の悩みや抱える問題を正しく理解する**ことが先です。

「理解する」は英語でunderstand、つまりunder（下）にstand（立つ）するということです。相手を理解することは、「下に立つ」ということではないでしょうか。

ところが**私たちは人の話を聴くとき、とかく上から**（**自分**）**目線で、ものごとをとらえがち**です。「そんなささいなことを気にする必要ない」「そんな人は

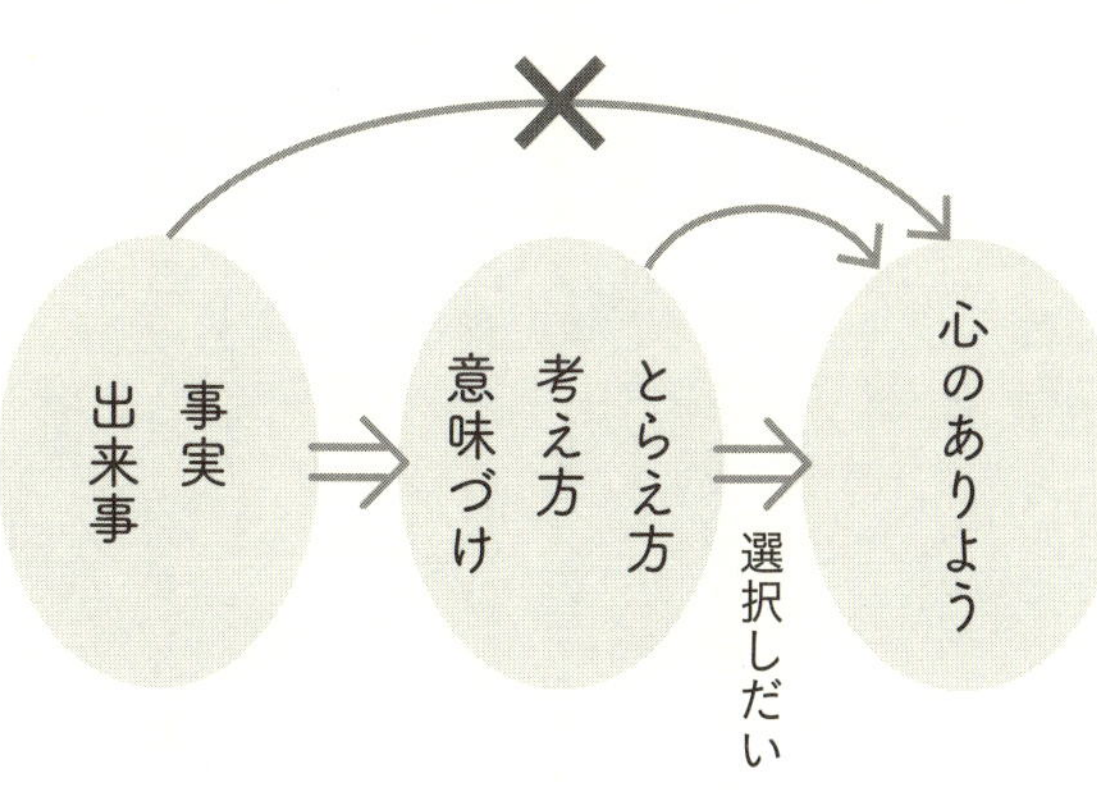

心のありようを決めるのは事実や出来事ではなく、それをどうとらえるか

どこにでもいるから割り切った方がいい」などと、自分の視点でものを考え、相手に押しつけたり、決めつけたりしがちです。相手の話を聴いているようでも、相手と同じ視点に立たない限り気持ちを理解することはできません。

とらえ方が心のありようを決める

私たちは日々遭遇する出来事を客観的に見ているようでいて、決してそうではありません。「事実はひとつ」でも、とらえ方には個人差があります。

たとえば、ある会社に勤めるDさんが仕事で小さなミスをして、上司から注意を受けました。Dさんは落ち込み、仕事に対してやる気を失ってしまいました。どうして、こんなに落ち込んでしまったのでしょうか。

実は、Dさんは上司から注意を受けたことをとても悲観的にとらえていたのです。「上司は自分を不注意でダメなやつだ、大切な仕事はあいつには任せられないと思ったに違いない」とマイナスにとらえたために、とても落ち込んでしまったと考えられます。

ここで注意したいのは、**ミスという「出来事」（事実）よりも、それに対するマイナスの「とらえ方」がDさんを落ち込ませた**ということです。Dさんの出来事に対するとらえ方が「心のありよう」（気分や気持ち）に影響を与えているのです。同じ出来事があっても、もしDさんのようにマイナスにとらえなければどうなっていたでしょうか。

「ミスは不注意だった。でも、とてもいい経験になった。これからは事前に必ず再度見なおしてから提出しよう。同じミスはしないように気をつけよう」と、失敗をよい教訓ととらえることもできます。

このように、出来事よりもむしろその「とらえ方」によって、人の心のあり

プラスとマイナスどちらの方向にとらえるかで気分が変わる

ようは左右されます。もし、あなたが話を聴いてあげている相手が落ち込んでいるような場合、それは話し手があえて「**落ち込むようなとらえ方を選択している**」からだとも考えられます。

ですから話を聴く場合には、相手が「何をどのようにとらえているか」を理解することが大切なのです。

相手の気持ちを共感的に聴くことは大切ですが、別の考え方やとらえ方を一緒に考え、ほかにもとらえ方があることに気づかせ、気持ちや気分を変えるようなサポートをすることも聴き手の役割です。

32 悩みは自分自身がつくり出している

マイナスのとらえ方を否定しない

前項でも述べましたが、とらえ方が「心のありよう」に大きな影響を与えます。もし、落ち込んだとしたら、それはほかのとらえ方もあるのに落ち込むようなとらえ方をあえて選択しているからだといえるでしょう。

そして、日々起こる出来事は、客観的な事実（出来事）ではなく、あくまで自分が「とらえたいようにとらえている事実（出来事）」があるということです。

相手を理解するためには**その人の「とらえ方」をまず何よりもよく理解して聴く**ことが大切です。そして、その人の気持ちや感情を理解するためには、経験した出来事をどのようにとらえているのかを知ることが大切です。たとえば、もし相手が不安を感じているとしたら、それは何をどのようにとらえているから不安なのかを、正しく理解するということです。

話を聴いて「そこまでマイナスのとらえ方をしなくてもいいのにな……」と、思ったとしても、すぐに相手の考え方を否定せず、話をよく聴きながらほかの考え方、とらえ方もあることを、ゆっくり少しずつ気づかせてあげてください。

悩みはとらえ方のかたよりからきている

いろいろな悩みは、自分自身がつくり出している部分が多くあります。

つまり、何かあると、そのことに対して悩むようなとらえ方（考え方）をあえて自分で選択しているのです。ほかのとらえ方（考え方）もたくさんあるのに、落ち込んだり、不安になるようなマイナスのとらえ方をして、自分で自分を追い込み、悩みをつくっているともいえます。

このようなものごとの「とらえ方」のことを心理学では「認知」と呼びます。

だれもが「とらえ方の癖」や「認知のかたより」をもっています。自分ではなかなか気づかないような「とらえ方、考え方の癖」を無意識にしていて、自分の心にいろいろな影響を与えています。

とらえ方の癖を知って、話を聴くときに生かそう

「とらえ方の癖」にはどのようなものがあるかについて見てみましょう。この癖を知ることは、悩みを抱える人の話を聴くうえでも覚えておくと役立ちます。

①白か黒か

もしこれがうまくいかなければ、すべてがダメだという極端な考え方。当人にとっては100かゼロしかないので、常に考え方が両極になってしまいます。

例「もし、私が担当しているプロジェクトがうまくいかなければ、私のこれからのキャリアはすべてダメになる！」

②一般化しすぎる

たったひとつのよくないことがあると、世のなかはすべてこうだと決めつけてしまう考え方。先の見通しをすべて否定し、悪く考えてしまいます。

例　1回振られて失恋しただけで、「私は男性（女性）にはこれからも愛され

ない、異性には縁がないんだ」と決めつける。

③マイナス思考

よいこともすべて悪い方に考えてしまう。また、今回のいいことはたまたまの偶然であって、次は必ず悪い方向へいくと思い込んでしまいます。

例「今回いい成績がとれたのはたまたまの偶然で、これからはこんなことはないに決まっている」

④レッテル貼り

少しでもミスをすると、自分にレッテルを貼って決めつけてしまいます。

例「こんなミスをするなんて自分はなんてダメな人間なんだ！」

⑤自分のせい（個人化）にする

自分は決して悪くないのに、自分のせいだと思い自分を責めてしまいます。

例「みんなが仲よくできないのは自分のせい、自分が悪いからだ」

ここにあげたようなゆがんだとらえ方をすれば、だれもが落ち込んだり、いやな気分になるのは当然です。

聴いていて「とらえ方がゆがんでいるな」と気づいたときには、まず「そんなふうに思っているんですね」と、気持ちに共感しながら、とらえ方を頭から否定したり、馬鹿にしないように気をつけましょう。そして、「そうだよね、でも、ほかの考え方（とらえ方）はできないかな？」「こんな考え方、とらえ方もできないかな？」と、ほかのとらえ方をさりげなく提案してあげるといいでしょう。

押しつけるようなことは逆効果になり、かえって「わかってもらえない」と感じさせてしまいます。大切なことは、相手を決して否定せず、客観的にいろいろな角度からもとらえることができるようにサポートしてあげることです。

33 相手のかたよったとらえ方を変えてあげるヒント

相手のとらえ方を否定しない

だれでも仕事でミスをして落ち込むことがあります。ただ、必要以上に絶望的になり、自分を否定的にとらえて落ち込んでしまうと大変です。そんな人にはどんなふうに声をかけてあげればよいのでしょうか。

ここでは、先輩Aが、仕事で失敗してショックを受けている様子の後輩Bに、声をかけてあげています。

後輩B　あああ、もうダメ！

先輩A　何かあったのね。よかったら何があったのか話してみて？

後輩B　もう、ああ、ショックで！　もう私はダメです、絶対！

先輩A　ショックって？　絶対ダメ？　何があったの？　よかったら話して。

後輩B　私、仕事で大間違いをしてしまって！　私のミスなんです。上司の出張の飛行機の予約を間違えてしまって、出張の予定がキャンセルになってしまったんです。上司にひどく怒られてしまいました。ダメです私。

先輩A　そんなことがあったんだ。大変だったね。上司に怒られたんだ……。それは、ショックだったね。

後輩B　上司は、もう私には大切な仕事は任せられないときっと思っていますよね。もう、私はダメな社員と絶対思われています。最悪です！

先輩A　上司に見放されたダメな社員って自分のことを思っているんだね。

このようなシチュエーションで失敗しがちなのは、「**考えすぎだよ**」「**ミスはだれにでもあるよ**」「**くよくよせずにがんばれ**」**と、簡単に励ましてしまう**ことです。

先輩Aのよかった点は、ネガティブな後輩Bのとらえ方をすぐに否定せずに、最初は共感的に応答していることです。このあとの会話も見てみましょう。

先輩A 今回のことをいい経験として、考え方を変えてみない？

後輩B まあ、人間だからミスはあることですよね。

先輩A そうね。だから、この経験をこれからどう生かすかだね。

後輩B 今度からは二度以上チェックをして、絶対ミスをしないようにする！

先輩A そう考えると、むしろ注意することがわかってよかったかもね。

後輩B 今回のことはショックだったけど、いい勉強になったかも。

先輩Aは今回のミスから教訓として学んだことを、「気づかせる」ようにうながしました。その結果、後輩Bも前向きに動機づけられたようです。こうしたシチュエーションは、多分みなさんの身近にもあることでしょう。この事例を参考に「とらえ方を変える」ことを、みなさん自身でも試してみてくださいね。

34 「ねばならない、べきである」という考え方を書き換えてあげる

人は自分のフレームでものごとを見ている

「自分は不幸」と思うのは、その人自身が不幸と考えるからです。反対に「自分は恵まれている」と思うのは、たとえすべての条件がそろっていなくても、健康で生きていることに感謝し、恵まれているととらえているからです。このように自分の「**心のありよう**」**は自分の**「**考え方次第**」です。

こうしたいろいろなとらえ方や考え方がある背景には、**だれもが独特のフレーム**（**枠組み**）**をもっている**からです。そのフレームを通して私たちはものごとをとらえています。ものごとが四角形であっても、ある人は三角形のメガネ、ある人は丸いメガネをかけて、それぞれが自分のフレーム（メガネ）の狭い範囲のなかだけで、ものごとを主観的に見ているのです。

このフレームは、その人のこれまでの環境（家庭環境、学校、職場など）のなかで経験したこと、性格や特性、価値観、人間関係などによって違ってきます。

∴「ねばならない」「べきである」という考え方に縛られている

私たちは多かれ少なかれ心のなかで、**「〜でなければならない」とか「〜であるべき」という考え方**をもっています。

「母親は子どもを愛し優しくあらねばならない」「男性は強くたくましく、弱音を吐くべきではない」「家のなかはいつも整理整頓されているべきだ」などと、考えてはいませんか？

ですから、自分がもつ「ねばならない（must）、べきである（should）」が相手と合わないと、相手に対する不満や不快感が生まれ、相手を否定したり批判したりするようになります。

また、自分に対しても「上司からはいつも認められなければならない」「スタイルがよくなければならない」「成績がよくなければならない」「だれからも好かれなければならない（嫌われてはいけない）」と強い思いをもっていて、それに強く縛られていることがあります。

こういう人たちは相手に対しても、自分に対しても、自分の信念通りにうまくいかないと、イライラして怒ったり、落ち込んだり、自分自身を否定的にとらえて「ダメな自分」と考えるようになります。

とらわれからリフレームしてあげよう

話を聴いているなかで、もし相手が「ねばならない、べきである」という強い考え（信念）をもっていることが原因で、悩んでいたり、落ち込んでいる場合にはどうしてあげたらいいでしょうか。

ただ共感して話を聴いているだけでは問題は解決しません。そのようなときには、上手にリフレーム（書き換え）してあげてください。

具体的には「must, should」（ねばならない、べきである）を「hope, want」（だったらいいな）にリフレームをします。

たとえば、「だれからも好かれなければならない」と思い込んでいる人がいたとします。けれど、実際はだれもが必ず好意をもってくれるとは限りません。

「ねばならない、べきである」という思い込みを「だったらいいな」にリフレームしてあげよう

こう思い込んでいる相手には『『好意をもってもらえるといいけどな……』『好意をもってもらえるに越したことはないが……』くらいに柔軟に考えてみてはどう?」と提案してみてください。

相手の話をじっくり聴きながら、この人はどのような思い込みや誤った信念を強くもっていて、悩んだりつらい思いをしているのかを見極め、上手にリフレームするように導いてあげましょう。

強くこだわることにあまり意味がないことに気づかせ、緊張から解放してあげることができるでしょう。

35 思い込みにとらわれている人をプレッシャーから解放する方法

⁘ 聴き方によってはますますプレッシャーを与えることも

実例から、「ねばならない、べきである」と思い込んでいる人への対応を見てみましょう。職場の先輩Ａ（聴き手）後輩Ｂ（話し手）の会話です。

●悪い例

後輩B 今週末、資格試験があるんですけど……。
先輩A へええ、なんの資格試験なの？
後輩B 情報技術者の試験です。
先輩A ああ、そうか、情報技術者試験か。
後輩B 仕事のうえでも受からないとまずいから、すごく緊張しています。

先輩A そうだよね、受からないとヤバイよね。

後輩B 毎年、みんな受かるそうだし。

先輩A そう。受からなかったらみっともないよ。

後輩B うわ、そうですよね。受からないと、ホントみっともないですね。大変だ！ やっぱり、どうしても受からないと！ あああ、どうしよう。

先輩A これまで落ちた人もいたみたいだけど、まれだよ。

後輩B そうですか。ますます緊張だ。受からないとヤバイな〜。

先輩A まあ、がんばれよ。

この先輩は、試験直前の後輩の話を聴き、試験に向けて励ましているようでいて、むしろ**強いプレッシャーを与えていますね**。先輩のプレッシャーから、ますます不安になっている後輩の様子がうかがえます。これでは、いい聴き手とはいえません。「ねばならない、べきである」と強く思い込み、緊張や不安でいっぱいの後輩に対する聴き方としては、あまりよくありません。

こうした状況では、後輩を安心させ、緊張から解放してあげるような聴き方をしなければなりません。では、どのような聴き方がよいでしょうか。上手な聴き方を参考にしましょう。

●よい例

後輩B 今週末、資格試験があるんですけど……。
先輩A へえ、なんの資格試験なの？
後輩B 情報技術者の試験です。
先輩A ああ、そうか、情報技術者試験か。
後輩B 仕事のうえでも受からないとまずいから、すごく緊張しています。
先輩A 受からないと、と思って緊張しているんだね。
後輩B ええ。毎年、みんな受かるそうだし。
先輩A そうだね、わりと受かりやすい試験だよ。
後輩B そうですか。受かりやすいんですか……？
先輩A 安心してリラックスして受けたら？
後輩B でも、必ず受からないといけないですよね！

先輩A　がんばることは大切だけど、気持ちを楽にして「受かるといいな～」くらいに考えた方が、本番で緊張しないと思うよ。

後輩B　そうですね。自分は思いつめて、かえって本番であがって、失敗するタイプなので……。

先輩A　始まる前に、ゆっくり深呼吸するといいよ。緊張がほぐれるから。

後輩B　ああ、先輩に話してよかった。安心しました。

聴く側は、話し手をなるべく安心させ、緊張をほぐし、それ以上のプレッシャーをかけないようにすることが大切です。よい例の先輩は話を聴きながら、「受からねばならない」と考えて不安になっている後輩を「受かるといいな」くらいに考える提案をすることで、試験前の緊張から解放してあげようとしました。そして、先輩からの適切なアドバイスによって、後輩は緊張や不安を軽くでき、試験に臨むことができるようになりました。聴き手の対応によって、後輩の気持ちがずいぶん変わったことがわかります。

36 落ち込んでいる人をリフレームしてあげるには

リフレームによって立ち直れる

落ち込んでいる人をどのようにリフレームしたらよいのか、実例を見てみましょう。

会話は、係長に昇格できなかったことを悩んでいる後輩Bに、先輩Aが話を聴いてあげようと声をかけたところから始まります。

先輩A どうしたの？　最近、元気がないようだけれど。

後輩B もう、何もかもいやになってしまったんです。

先輩A 何もかもいやになった？　どういうこと、それ。

後輩B 僕だけ同期で昇格しなかったんです。

先輩A　そうか、昇格のことか。どう思っているの？

後輩B　本当にショックです。予想外ですよ。絶対大丈夫と思っていたので、すごくつらいです。なぜダメだったのかわかりません。

先輩A　予想外のことですごくショックでつらいんだね、その訳もわからず。

後輩B　自分には今後昇格はない。絶望的ですよ、この先。

先輩A　昇格はもうないと思っているの……。昇格はないなんてだれが言ったの？　その証拠はあるの？

後輩B　いえ、だれも言ってませんし、証拠はありませんよ。でも、もう昇格はダメだと、自分では考えています。ですから、なんにもやる気がなくなってしまいました。

先輩A　根拠が何もないことを信じているんだね。ダメだと、どうしてわかるの？　そう考えることにメリットはある？

後輩B　ええ、メリットねえ……？

先輩A　そう考えることで君は得している？　根拠のないことを考えて落ち込んだり、やる気を失っているのではないのかな。

後輩B　そうですね、本当にそうだ。そんなふうに決めつけてマイナスにばかり考えても、なんの得にもなりませんよね。

先輩A　そうだよ、そんな考え方は意味ないよ。次回、昇格できるためには、いまから具体的に何をしたらいいのか一緒に考えようよ。

先輩Aは、まず後輩Bが落ち込んでいることをしっかりと受け止め、相手の「事実」「気持ち」を整理しながら共感的に対応しています。

そして、昇進できないという相手の思い込みに対して「だれが言ったのか」「その証拠はあるのか」と、反論しています。その結果、後輩Bは自分が「勝手にそう思い込んでいるにすぎない」ことに気づくようになりました。

聴き下手な人が陥りやすい失敗は、相手の考え方を「そんなことはないよ、大丈夫だよ。いつか昇格できるんじゃないの。気にすることないよ」と、根拠なくただ慰めることです。これではきっと、後輩Bは立ち直れなかったことでしょう。

37 クレームを聴くときに使える「コップの理論」

相手のコップにアドバイスの水が入らない

悩んでいたり問題を抱えている人の話をあなたが聴いてあげているとします。相手はあなたに聴いてほしいことがいっぱいある状態です。相手とあなたを両方「コップ」にたとえると、相手のコップには水がなみなみとあふれるように入っている状態です。そして、相手の役に立ちたいと思い、これまでのいろいろな経験を生かしてアドバイスをしたいと考えているあなたのコップにも水がふちまで満たんな状態です。**あなたと相手は、互いのコップに水がいっぱいに入っている状態で向き合っている**のです。

相手の話を少し聴いただけで、すぐに「そうなのか、それではいいアドバイスをしてあげよう」と思いつき、相手がまだ話し終わっていない（コップがまだ空になっていない）うちに、相手のコップのなかにアドバイスの水を一気に流し込もうとしたらどうなるでしょう。相手のコップにはまだ水がたくさん入っている状態なので、あなたのアドバイスは相手のコップのなかに入らず、コップの外に流れ出てしまいます。つまり、最後まで相手の話を聴かないで、途中でアドバイスをしようとしても相手のなかには入らないということです。

まず自分のコップから空にしよう

相手の話を聴くときには、まず自分のコップを空にしましょう。自分が何を言ってあげようか、何をアドバイスしてあげようかということは、いったん、わきに置いておきます。聴くときは自分のコップをすべて空の状態にします。

つまり、**相手への思い込みをなくし、アドバイスの用意も何もせず、空の状態で無心に相手の話を聴きます。**すると、空になった自分のコップに相手が言わんとすること、わかってほしいと思っていることがそのまますべて入ってきます。最後の一滴まで、相手の話をよく聴き、自分のコップのなかに水（相手がわかってほしいこと）が入った状態になれば、相手を理解することができるで

助言や情報提供は、相手のコップが空になってから

しょう。相手がすべてを話し終えたら、相手のコップは空の状態になります。そこに、いったんわきに置いていた水（助言や提供したい情報）を流し込めば、自然とそのまま入り、相手にも受け入れられることでしょう。

コップの水を入れ替えることが「相互理解」

相手が先にあなたのコップに水を流し込み、そのあとであなたが相手のコップに水を流し込むことで、最終的にはお互いのコップの水が交換されます。これで「相互理解」ができた状態になります。こうした**相互理解に至る**

コミュニケーションのやり取りを「コップの理論」といいます。相手の話を聴きながらも互いに理解し合うためには、いつも「コップの理論」のプロセスを頭に置いて大切にしたいものです。

この「コップの理論」は、いろいろな場面で活用できます。

たとえば、仕事でお客さんからのクレームを受けたときにも使えます。お客さんのクレームに対してすぐに反論し、こちらの言い分や弁解を聞いてもらおうとすれば、結局、話はこじれてしまいます。しかし、**まずこちらの言わんとすることや弁解をわきに置き、ありのままに相手のクレームをよく聴き、自分の空のコップに流し込みます。**クレームのお客さんは、自分の言いたいことをすべて言うとスッキリした気分になり、今度は相手の話も聴こうという気になります。そうしたら、わきに置いておいた言い分や弁解をゆっくりと相手の空になったコップに流し入れるのです。そこではじめて相手のなかにもこちらの言い分が入っていきます。

言い争い、互いに自分の言い分を通そうともめるようなときにも、コップの理論を大切にするとよいでしょう。

38 クレームはひたすら話し手の気持ちを受け止めよう

言い訳をすると印象がますます悪くなる

では「コップの理論」を利用したクレーム対応の実例を見てみましょう。クレームを受けた側（聴き手E）とクレームをつけているお客さん（話し手F）の会話です。

●悪い例

話し手F　昨日、必着でお願いしたものが届いていないんですけど、どうなっているんですか？　困っているんですよ！

聴き手E　ああ、すみません！　まだ届いていませんか？

話し手F　届いてないから連絡しているんですよ。「必ず、昨日必着で頼みますよ」と確認したのに！　どうなっているんですか？　いい加減ですね！

聴き手E　おかしいですね、届いていませんか？　こちらは、すでに発送しているんですが。なぜだろう、昨日お届けできるようにと手配したんですがね。

話し手F　でも、届いていないんですから！　いくら発送しても、昨日届いてないなら意味ないですよ。今日、どうしても必要なんですよ。だから昨日必着でお願いしたんです！　発送したとか、いい加減な弁解をしないで、まず謝りなさいよ。届いていないんですから、実際。まったく、いい加減な会社ですね。

聴き手E　申し訳ありません……おかしいですね。

話し手F　おかしいじゃすみませんよ。すぐに調べてよ。もうお宅には頼みませんよ！

聴き手E　すみません。

自分の言い分を先に言おうとして、お客さんからのクレームを聴いているようでいて、結果的に相手の気持ちを逆なでし、ますますクレームの口調を激しくさせてしまいました。お客さん側にとっては、こちらの話を「聴いていない」「まったくわかろうとしていない」という印象なのです。

最後には「もうお宅には頼みませんよ」と言われ、結果的に関係性を断絶するような対応になってしまいました。たとえこちらに正当性があったとしても、クレーム処理のときには、まず**全面的にお客さんの言い分をきちんと聴く**ことから始めなければなりません。そして、もし、こちらにも弁解や言い分があるような場合には、お客さんの言い分をすべてよく聴いたあとで伝えることです。

それでは、よいクレーム対応を見てみましょう。

●よい例

話し手F　昨日、必着でお願いしたものが届いていないいんですけど、どうなっているんですか？　困っているんですよ！

聴き手E　それは大変申し訳ございません。

話し手F　「必ず、昨日必着で頼みますよ」と確認したのに！　どうなっているんですか？　いい加減ですね！　どうしたらいいか、本当に困っているんです！

聴き手E　大変ご迷惑をおかけし、申し訳ありません。

話し手F　今日、どうしても必要なものなんですよ。だから昨日必着でお願いしたんです！　担当者は「わかりました、必ず」と言ってたんですよ。必ずと言われたのに、昨日届いていないんですよ！

聴き手E　それは、本当に申し訳ありません……。

話し手F　届かないので本当に困っています、どうしてくれます？　ああ、本当に……。困りましたよ……。まったく。ああ、どうしよう。

聴き手E　大変ご迷惑をおかけして、申し訳ございません。お詫びの申し上げようがありません。当社としては、昨日必着で、ご注文の商品の発送はできておりますが、何かの手違いがあるかもしれません。再度、詳しく調べてみます。改めて、ご連絡を差し上げます。申し訳ありませんが、しばらくお待ちいただけますでしょうか。

話し手F　……わかりました、では至急調べてもらえますか。連絡をお待ちしていますよ。

まずは**徹底してお客さんのクレームに対して話を聴きます**。お客さんは、きちんとクレームを聴いてもらい、**苦情を「話す」＝「放つ」**ことによって、次第に高揚していた感情がおさまり、クレームがトーンダウンしていきます。その間、何を言われても「申し訳ありません」と低姿勢でクレームを受け止めていると、お客さんの「コップの水」は空になります。

そこで、**感情的におちついてきた**（**コップの水が空になった**）**お客さんに対し、ゆっくり、こちらの言い分や事情を説明します**。こちらの「コップの水」を相手の空になったコップに、ゆっくり注ぎ入れるのです。お客さんも、ここに至って、はじめて相手の言い分を聴く気になっているはずです。こうして、お客さんとクレームを受けた聴き手は、互いの話を聴き、最後にはコップの水が入れ替わり、相互に理解することができます。

39

迷っている人の話を聴くときは自分の意見を押しつけない

最終的な選択は相手がする

「迷っていて困っているの。ねえ、話を聴いてくれる?」と、言われたことはありませんか? ひとりではなかなか決断ができなかったり、結論が出せずに、どっちにしたらいいのか迷うことがあります。ひとりで考えていても堂々巡りをするばかりで、迷路に入り込んでしまうようなことがありますね。

特に選択肢が複数あるようなときは、ひとつに絞らなければなりません。相手が迷って困っている場合、気持ちを整理して助けてあげることを「意思決定の支援」といいます。勘違いしないでほしいのは、**「意思決定の支援」は、あなたが選択して、決めてあげることでは決してありません。**

迷っている人の話を聴き、整理しながら一緒に考えはしますが、最終的な選択はその人自身がするのです。決してその人に代わって結論を出したり、判断を押しつけないことです。のちのち、うまくいかなくなったときに、「あなたがそれを選ぶようにとすすめたから、こうなってしまった」と、あなたに責任を押しつける人もいるので、要注意です。

自分の意見や考えを押しつけない

たとえば、Cさんは妊娠をして出産をする予定ですが、仕事をこのまま続けてワーキングマザーになるか、出産を機に仕事を辞めて子育てに専念しようか迷っています。夫は「君の好きにしたら」と言ってくれています。仕事は辞めたくないけれど、育児と両立できるかという不安も強いようです。このCさんにとって、仕事を続けるか、辞めてしまうかは大切な判断です。

このようなケースで注意しなければならないことは、**あなたの価値観を相手に押しつけない**ことです。「絶対働いていた方がいい」「小さい間は子どものそばにいてあげるべき」と、相手の話を聴いているようで自分の意見や考えを押しつけがちなので注意しましょう。では、具体的にどのように聴いていったらよいか見てみましょう。

①割合とその理由を質問する

相手が「AかBか」で迷っている場合には、まずその割合（パーセンテージ）を聴いてください。Cさんのケースなら、「いま、仕事を続けたいと思っているのは何％？　仕事を辞めて子育てに専念しようと思っているのは何％ぐらい？」とたずねます。すると、どのくらいの割合で迷っているのかがわかります。こうたずねるのは、「仕事継続が80％」と「仕事継続が30％」で迷っているのとでは、話の事情が違ってくるからです。

その割合を頭に置きながら話を聴くといいでしょう。そして、それぞれの割合の根拠や理由を詳しく聴き、よく整理してください。

②メリット、デメリットを両面から考える

Cさんがもし、仕事を辞めようと「80％」考えている場合には、すでに一方に考えがかたよっているということです。そんなときは仕事を継続する意味が見えなくなっていることがあるので、一時的に「50％：50％」にバランスを戻し、両方のプラスとマイナスの面を検討します。「仕事を継続する場合」のプラス面、マイナス面をできる限りたくさん（各10個程度）考えます。次に「仕事を辞める」場合のプラス面、マイナス面も同じように考えて整理します。

③両面から検討して最終的に選択する

両面から検討して整理をしたあと、Cさん自身の「価値観」を基準に、何を優先させたいのかについて、人生を展望しながらよく考えてもらいます。マイナスの要因も「一時的なもの」なのか「本質的なもの」かを考えます。そのうえで、冷静にプラス、マイナスを再度、整理しながら一緒に検討して話し合い、相手に選択を任せます。

聴き手はこのように「心の整理のお手伝い」をしてあげる役割です。上手に聴くことで、迷っている相手は自分がどうしたいのかが、理解できるようになるでしょう。

40 聴き手として求められる3つのこと

カウンセラーに求められる条件とは

ここでちょっと、専門的な話をしましょう。

「クライエント中心療法」というカウンセリングを提唱した、カール・ロジャーズという有名なアメリカの心理学者でありカウンセラーがいました。「クライエント中心療法」とは人が自分自身の内なる声に静かに耳を傾け、自ら気づき、より自分らしい生き方を探求することを支援するカウンセリングです。

ロジャーズは、カウンセラーに求められる条件として次の3つをあげています。

相手の話を聴くときには、①**相手をありのまま受容する**（**無条件に肯定的な関心を相手にもつ**）**こと**、②**共感的な理解をする**（**相手の気持ちや感情をあたかも自**

分自身のことのように感じようとする）こと、③相手にも自分にも誠実であることの、3つの条件です。

こうした3つの条件は、相手の話を聴く場合に欠かせない条件だと、ロジャーズは言っています。そして、こうした3つの条件を備えた人に話を聴いてもらうと、話し手はこれまで自分を縛っていたものから次第に解放され、心と素直に向き合い、本心に耳を傾けるようになります。そして自分自身は、どうしたいのか、どうありたいのかということに対する「気づき」が得られるといっています。

それでは3つの条件について、ひとつひとつ見ていきましょう。

①受容（無条件の肯定的な関心）

みなさんは、どういう人に心を開いてありのままの自分を語ることができるでしょうか？ また、どういうところから、この人は自分を受け入れてくれる人か、受け入れてくれない人かがわかりますか？ 相手が自分を受け入れてくれているかどうかは、だれでも感覚的にある程度わかるのではないでしょうか。

自分に対して拒否的で自分のことをいいと思ってくれていないような人には、心を開いてありのままを語ることはありません。一般的に「相手が自分に好意をもってくれ、受け入れてくれている」と感じるより、「この人は自分を受け入れてくれていない」と感じる方が、人は敏感です。

ですから**聴き手は、「この人は自分を受容してくれている」と相手に思わせ、安心して話せるような雰囲気を出す**ことが欠かせません。

しかし、ふだんから受容することを大切にしていないと、いざとなったときに人は安心して話をしてくれません。上司と部下、先輩と後輩、友人同士、夫と妻、親子など、ふだんから信頼関係（受容関係）ができているかどうかが、聴く以前に問われます。

②共感的理解

相手にそっと寄り添い気持ちをともにすることを「共感」といいます。すでに説明していますが、共感的とは**相手が話す内容や気持ち、感情を、あたかも自分が経験したかのようにイメージをして聴くこと**です。そして「お気持ちわかりましたよ」と共感を言葉や表情で伝え返すことが大切になります。

③誠実であること

人の話を聴くときには、相手に対してはもちろんですが、自分自身に対しても誠実であることが大切です。相手に対して平気で嘘をついたり、ごまかしたり、弁解したりしないことです。

自分を空にして相手の話を聴きながら、聴いている自分の心の変化にも気づき、自分と向き合い、自分自身にも誠実であることが必要です。

ですから、自分の内面と相手に投げかける言葉が矛盾していることがないようにしなければなりません。思ってもいないこと、感じてもいないことを口先だけで伝えたり、相手を持ち上げたり、うわべだけで共感を返さないことです。相手の気持ちを理解しようと心がけ、熱心に話を聴いてあげましょう。

第3章 まとめ

□話を聴く人は、周囲の人に大切にされる。

□人の話を聴いてもアドバイスしようとせず、
とにかく話をじっくり聴くことが大切。

□話すことで、悩みやストレス、抱えている問題を
「放つ」ことができる。

□話を聴くときは、時間制限も重要。

□話し手が何をどのようにとらえているのかを
まず理解する。

□心のありようは、その人の考え方しだい。
「とらえ方の癖」を知ると話を聴くうえで役立つ。

□クレームを対処するときは、まず相手のクレームを
ありのままよく聴く。

□迷っている人に自分が結論を出さない。
最終的な結論は相手がもっている。

第4章

こんなときどうする？
話を聴くときのQ＆A

こんなことで困ったことはありませんか？
シチュエーション別の対処法を紹介します。

「話しにくい相手」と思われてしまうリアクションはありますか？

まずはふだんのあいさつから気をつけてみましょう。

①ふだんからの人間関係が悪い

「何があってもあの人にだけは相談したくない」と思われるようでは、だれも話しかけてきてくれません。ですから、「気軽に話せる人」というイメージをもってもらうことが何よりも大切です。そのためには、周囲の人に関心をもって、自分から積極的に感じよく笑顔で声をかけましょう。「おはようございます」「お先に失礼します」「元気？」「最近、どうですか？」などと気軽に声をかけ、「私はあなたに関心をもっていますよ」というサインを投げかけてください。

日ごろから、あいさつもしない、人に無関心、声もかけない、つんつんしている、冷たい雰囲気で話しかけにくい、雑談にも決して加わらない……。このような態度をとっていると、「話しにくい相手」と思われてしまうでしょう。

②うわの空でぼんやり聴いている

相手が一生懸命話していても、表情もなくぼんやり、何を考えているのかわからないような態度で聴いているようでは、相手は「話しかけにくいな」と感じて、次第に話さなくなってしまいます。

また、うなずきやあいづちがまったくないと、話している方は「この人、本当に聴いているのかな？」と疑うようになります。あらぬ方向に目をやったり、下を向いていたり、「ながら聴き」のようにいい加減に聴いていると、必ず「話しにくい人」と思われてしまいます。

③共感をしない

相手がつらいことや苦しいこと、反対にうれしいこと、幸せなことをいろいろと話していても、まったく共感してくれない人は「話しにくい相手」です。「ねえ聴いて、こんないいことがあったの！」と報告しても反応せず、共感もしてくれなければ、話すかいもなくなります。

聴くときは、相手に表情をそろえ、共感しながら聴いてあげることが大切です。

④すぐに勝手なアドバイスをしたり、自分のことをしゃべり出す

相手の話の腰をおって、自分の経験談を話す人がいます。「ああ、私にもそういうことがあったわ、私の場合はね……」と、自分の話を始めて、人の話をまったく聴かなくなる人は自己満足な人、自己中心的な人で、「話しにくい相手」の筆頭です。また、相手の話を最後まで聴かずに、すぐに「ああしたら？　こうしたら？」と、自分勝手なアドバイスをする人も「話しにくいな」と、感じさせるので気をつけてください。

⑤自分の考え、価値観を押しつける

相手によかれと思って、「自分だったらこうする」「そのような場合は一般論としてこうだ」「それはダメだ、間違っている」などと、自分の考えや価値観を押しつける人がいますが、こういう人も「話しにくい相手」です。特に、年齢やキャリアが上の人が、若い人の話を聴くときに陥りがちな傾向です。

人間関係を大切にしたいのであれば、ふだんから「話しやすい人」という印象をもたせることが大切です。

「聴く気がない」ととられてしまうのはどんな態度ですか?

しぐさや表情など、ふだんのちょっとしたことに気をつけましょう。

「聴く気がない」ように相手に感じさせては、聴き上手にはなれませんね。相手に対して、「あなたの話を心を込めて聴きますよ!」ということを伝えることが必要です。どのようなことがNGか、見ていきましょう。

①話し手の方を見ない

相手が話しかけてきたときに、パソコンの画面を見たままの状態で聞く、仕事が忙しいので書類を見ながら聞く、家でテレビを見ながら聞く、雑誌をめくりながら聞く……これではどうでしょうか。いくら耳では聞いていても、話している人には、一生懸命聴いているとは伝わりません。これでは、「ああ、人の話を聴く気がないんだな」と受け取られてもしかたありません。相手に「ねえ、私の話をちゃんと聴いてるの？」と迫られて、「ああ、さっきから聴いているよ」と弁解しても、相手には「聴いている」とは伝わりません。それは相手を見ていないからです。とても初歩的で単純なことですが、これを大切にしないと「聴く気」がないと受け取られてしまいます。

②話し手をせかす

相手が話しているのに、机の下で貧乏ゆすりをしたり、「早く終わらないかな、こっちは忙しいんだけど……」というように、腕時計をチラチラ見たりすると、話している人は「この人は聴く気がないのでは？」と感じてしまいます。話を聴くときには、相手をせかすようなしぐさは

ＮＧです。相手がおちついて話ができません。

③興味がないような表情をする

話を聞きながら心のなかで、「ああ、つまらない話だな」「また、その話か」「話が長いな、手短に話せないのかな」「もう、その話はすんでいるはずなのに、またか」などと思っていると、それはどうしても表情に出てしまいます。「イライラ」「うんざり」「面倒くさい」「飽きた」などの表情を相手は敏感に感じ取ります。そして、「聴く気がないんだな」と思い、たとえ大切な話であっても、途中でやめてしまうことがあります。注意したいですね。

④いい加減な返事をする

たとえば、相手から「それでいいんじゃない?」「君の好きなようにしたら?」「まあ、そんな程度のことで……」「よくあることだよ。そんなことは、どうでもいいよ」などと、気のない返事をされることがありませんか？　こっちは真剣に話しているのに、こうしたいい加減な返事をされると、本当にがっかりしますね。これでは聴く気がないように受け取られてしまいます。

以上４つのことは小さなことですが、注意して相手の話を聴いてあげることが大切です。それは相手のためだけではなく、実は自分のためでもあります。職場や家庭で、こうした態度をとっていると、次第に周りからの信頼を失っていくことでしょう。

Q

聴きたいことがなかなか返ってきません。話が脱線したらどう修正すればいい？

A

質問のしかたに工夫を。これまでの話を整理してフィードバックしてあげましょう。

コミュニケーションでは、自分が意図した通りに必ずしも話が展開しない場合がよくあります。心のなかで「ああ、そんなこと聴いてないのに」「本当は、そのあたりのことをもっと詳しく話してほしいのに」と思うこともあるでしょう。そのようなときには、どうしたらよいでしょうか。

①質問のしかたを工夫する

聴き出したいことが返ってこないのは、たいてい質問のしかたがうまくいかなかったときです。漠然とした質問をしている可能性がありま す。基本的な質問は「５Ｗ２Ｈ」で聴きましょう。つまり、何を(what)、なぜ(why)、いつ(when)、だれが(who)、どこで(where)、どのように(how)、どれくらい(how much, how many)です。「何を考えてたの?」「なぜ、そう思ったの?」「いつごろから、そう考えていたの?」など、具体的に聴きます。すると、相手も何を聴かれているのかがハッキリしてくるので、その質問に沿って話してくれるはずです。

②深掘りをしながら聴く

表面的な話や答えばかりで、なかなか引き出したい話が出てこないこともありますね。そのようなときには、簡単にわかったつもりにならず、もう一段深く掘り下げた質問をすると、引き出したい話が出てくるでしょう。「もう少し、具体的に話してくれますか?」「あなたは、そのことをどのように思っているのですか?」など、いつもよりもう1回、深掘りする質問を投げかけて、詳しく具体的に聴いてください。

③事実、気持ち、欲求の3要素を聴く

話には3要素があります。①事実（何があったのか、どのような状況なのか、問題はどのようなことか）、②気持ち（どのように感じているのか、どのような気持ちなのか）、③欲求（どうしたいのか、何を望んでいるのか、どのようなことを希望しているのか）、の3点を詳しく具体的に聴きます。すると、曖昧（あいまい）だった話や漠然としていた話が、明確化されるでしょう。

④問題、原因、対策、行動について聴く

話を整理しながら聴き、問題点を絞り込み、話を引き出すためには、①問題は何か（現状把握）、②原因は何か（原因分析）、③対策は何か（対策の具体的な検討）、④行動計画（実際に何をするか）、など4項目について詳しく聴きます。すると、相手の考えていることがわかってきて、聴き出したい話も、そこから見えてくるはずです。

⑤脱線したら引き戻す

もし、相手の話が本筋からそれて、全然違う方向へいってしまった場合には、「お話を聴いていると、あなたがおっしゃりたいことは、……ということでいいですか？」と、そこまでの話を一度、全体的に整理します。相手が「はい、そうです」と言った場合には、「それでは、話をもう一度そこに戻してお話ししませんか？」「その点について、もっと詳しくうかがいたいです」と、話の展開をもとに戻しましょう。

ここで大切なことは、そこまでの話の大枠を一度整理してまとめることです。話の整理が適切であれば、わき道にそれた部分をもう一度軌道修正しても、相手に違和感を感じさせたり、せっかく話したことを無視されたと感じさせることもありません。

「話がそれたので」「話が脇道に入ったので」などと、いちいち断る必要がありません。

Q

相手が話しやすくなる聴き手の声の大きさやトーンはありますか？

抑え気味でゆったりとした声を意識すると話し手も安心して話ができます。

声には個人差がありますが、やはり求められる声の特徴はあるように思います。

①声の大きさ

話し手が耳ざわりに感じるほど大きな声はやはり適切ではありません。かといって、聴き手の声が小さすぎるのも困ります。一般的に、相手と1メートルくらい離れていても聴きとれるのであれば、適当な声の大きさだと考えてよいでしょう。しかし、話の内容やそのときの話し手の様子によっては、小声にならざるを得ない場合もあるでしょう。そのときの相手の状況に応じて、柔軟に調整してみましょう。

②声のトーン

さけたいのは「キンキンした高い声」です。聴き手にキンキンした高い声で応答されると、話し手はおちつかなくなり、不安定になります。そして、どのような声で次に応答されるか、過敏になってしまいます。こうした点から、声のトーンは抑え気味で、やや低めのおちついたものの方がよいでしょう。話し手も安心して話ができると思います。

③聴くペース（速度）

声の大きさや声のトーンも大切ですが、聴くペースも大切です。できる限り、ゆっくりとおちついてひとつひとつをじっくり聴くようなテンポがベストです。せかさず、相手のペースに合わせることが大切です。

悪口やうわさ話の場では どう対応したらよいでしょう？

決して同調せずに、相手の意見を理解するだけに留めるのが無難な対応です。

だれかの悪口や批判話を聴かされることはありませんか？　特に注意しなければいけないのが、職場の上司に対する悪口や批判です。

たとえばAさんは、「うちの課長は部長や上の人にはゴマをすっているのに、部下にはえらそうにして最悪！」と上司の悪口を言っています。それに対して、同僚のBさんは「本当にそうだよね。同感！　最低な課長だよ。早くほかへ異動しないかな」と言いました。しかし、Cさんは「う〜ん、そうか……」とは言いますが、特に批判めいたことは言いません。

Bさんは、Aさんに「同調」して一緒に悪口を言っていますが、Cさんは、Bさんのように決して同調せずに、控えめに応えています。

上司に対する悪口や批判が出たときには、Bさんのような対応が一番まずいケースです。万が一、上司とAさんがもめたような場合に、「Bさんも自分と同じ考えで、あなたのことを批判していますよ」と、上司に伝わる可能性があるからです。

同僚が陰で上司の悪口を言っている場合には、決して同調せず、相手がそう感じていることを理解するだけに留めておくことが大切です。

同調は共感と違ってただ相手に調子を合わせるだけで、その人の意見や主張に対してそのまま賛同する（そうだ、そうだという）ことを意味します。共感と同調は違うので、注意が必要です。

ただ、悪口や批判ばかりで聴くに耐えない場合には、だまって聴いているだけではなく「もうここらへんでやめない？」と提案してみてください。

苦手な相手の話を聴くときに心がけることはなんでしょう？

仕事上は苦手意識を抑えて謙虚な心で相手の話を聴く努力を。いつか必ず報われます。

気の合わない上司やお客さんなど、苦手な相手はだれにでもいるものです。しかし、仕事上のつき合いでは、どうしても話を聴かなければならない場合もあります。こうしたときにはどうしたらよいでしょうか。

「人間の好き・嫌い」はあっても、仕事は「好き・嫌い」でするものではありません。相手に対する「苦手意識」を、極力、顔や態度に出さないように努力することが大切です。思ったことをなんでも口に出さずにいられない人、感じたことを表情や態度にすぐ出す人は、大人ではなく幼稚な人です。むしろ苦手な相手こそ、好意をもっている人以上に一生懸命に話を聴こうと心がけてください。苦手な人であることを理由に、いい加減な聴き方をすれば、相手は怒ったり、不機嫌になり、あなたを不誠実で信頼できない人だととらえるでしょう。その後の仕事は決してうまく運ばず、双方の関係性はますます悪化してしまうかもしれません。

損をするのはあなた自身です。仕事のときは「苦手意識」を出さず、少しでもいいので、相手のよいところ、あえていえば優れたところなどを見つけ、そこに焦点をあてて、意識的に話を聴いてください。このように対応していると、苦手な人からも「きちんとよく聴いて、理解してくれてありがとう」と、好意的に言われる場合があります。

一方的な自分の思い込み（苦手意識）で、相手を決めつけることなく、「謙虚に話を聴いてみよう」と、オープンな気持ちで挑戦してみてください。こうした努力の積み重ねは決して無駄にはならず、いつか必ず報われるはずです。「自分が相手からされていやなことは、相手にもしない」が、人間関係の原則です。大切にしてくださいね。

相手の話が退屈なときはどうしたらよいですか？

話を切り上げるなら、意図的に用事をつくってその場から退出を。

人との会話は、いつも楽しい話、ためになる話、興味や関心をもてる話ばかりではありません。話を聴いていて、イライラしたり、あくびが出るほど退屈だったり、「早く終わらないかな」とぼんやり心のなかで思うようなこともあるでしょう。

しかし、人間関係には、「つき合い」がつきものです。あなたがゴルフにはまったく関心がなくても、上司が楽しそうに昨日のゴルフコンペで優勝した話をすれば、やはり話を聴きながら「よかったですね、おめでとうございます」くらいは言わなければなりません。逆に、あなたが好きな野球の話をしても、だれも聴いてくれず、その場がしらけてしまったら、あなたはきっとさびしく思うことでしょう。たとえつまらない話でも、ある程度は相手に合わせて聴いてあげることがマナーです。

しかし、つまらない話が出たら、うまくその場から離れるすべを身につけておくことも大切ですね。上手に話を切り上げるには、「すみません、時間になってしまいました。これから会議があるので」「明日締め切りの仕事があるので、すみません」などと、用事を意図的につくるといいでしょう。相手の話のタイミングを見計らい、丁重に理由を伝えて退出します。

気のない返事をして、ぼんやりとつまらなそうに話を聞いているよりも、うまく切り上げる方がまだマシです。

そして、どんなに親しい間柄でも、直接「つまらない！」「興味ない！」と言うのは禁物です。相手の気分を損なわないようにすることが、せめてものの温かい思いやりです。

短時間で相手の真意を聴き出すコツはありますか？

A 相手をありのまま受け入れ、話しながら信頼関係を築いていきましょう。

時間をかければ、よいコミュニケーションができるとは限りません。「コミュニケーションの量は質を高める」といいますが、長時間話し合うという意味の「量」ではなく、日ごろから、ちょくちょく話し合う機会をもち、互いに理解し合い、信頼関係を築いていくという意味です。ふだんあまり話したこともなく、信頼関係も築けていないような人といきなり話し合っても、話の質が高まるはずがありません。コミュニケーションは、ふだんから常に大切にしておくことが欠かせません。

しかし、話し合いの時間が短時間しかないときもあります。まだ信頼関係が互いに築けていない場合は、相手の真意を聴き出すのがとても難しくなります。信頼のない相手には、真意を明かさないのが普通です。

ではどうしたらよいでしょうか。その場で信頼関係を築いていくしかありません。まず相手をありのまま受け入れ、好意をもって話を聴きます（無条件の肯定的な関心をもつ）、話に対してよい悪いを決めつけないことです。そして、相手に視線を向け、うなずいたり、あいづちをうったりします。さらに「そうですか」「大変ですね」「よかったですね」という共感的な理解も示します。そして、ときどき、「そうですか、……ということですね」と、相手の話の要点をまとめて繰り返します。すると相手は、こんなふうに熱心に聴いてくれる人を信頼し、次第に「心を開く」ようになります。

このように「話の要点を短く簡潔にまとめ、整理しながら、ときどき要点を繰り返す」と、相手は「ああ、わかってくれた。よく理解してくれている」と感じるようになります。こうして話を少しずつ前に進めることによって、短時間で相手の「真意」を引き出すことができるでしょう。

そのときにどのくらい真摯に相手の話を聴きながら、「わかりましたよ」「理解していますよ」というサインを相手に投げかけるかです。

その結果、相手に「ここまで自分のことを深く理解してくれている人には、もっとありのまま本当のことを言ってもいいかな」という気持ちにさせることになり、真意を引き出すことができるのです。

聴き上手になると恋愛でモテるのでしょうか？

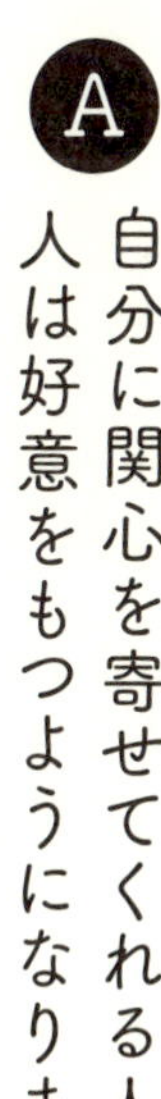

自分に関心を寄せてくれる人に人は好意をもつようになります。

人が共通してもっている心のニーズは「自分に関心をもってほしい」「自分のことをわかってほしい」ということです。特にさびしいとき、孤独なとき、悩んでいるときなどは、自分のことを「わかってくれる人」をだれもが求めています。これは、男女に共通の思いです。

人が人に対して好意をもつときは、相手が自分に関心を寄せ、自分のことをよくわかってくれるときでしょう。反対に、自分のことをわかってもくれない人、理解しようともしない人に好意をもつことはありません。

相手に関心をもち、相手を理解するためには、相手の話を聴いてあげることが一番効果的です。ふだん私たちは、自分の話をじっくり聴いてもらえるような機会は、なかなかありません。ですから、相手が自分に向き合い、自分を受け入れ、話を聴いてくれると、とてもうれしく温かい気持ちになります。そして、口をはさまず、話をじっくり聴きながら、うなずいたり、あいづちをうったり、共感的に「よかったですね」「大変ですね」と返してくれたりすると、「この人はなんていい人なんだ」と感じます。

こうして相手への好意が深まっていくと、そのうち恋愛に発展する可能性もあります。ですから、相手のハートを射止めたいと思ったら、会うたびに、なるべく相手の話をよく聴いてあげることから始めてはどうでしょう。男性は特に自分の話を聴いてくれる女性に弱いようです。デートのときには、自分の話ばかりをするのではなく、相手の話を「聴く」ことを大切にするといいでしょう。

上手に少しずつ質問をしながら、話を引き出してみてはどうでしょう。質問は、「私はあなたに関心がありますよ」というサインです。相手と話しているときにも、「そうなんだ、それから？」「へえ、あなたは、そのときはどうしたの？」など、話を深めるような質問を上手にして、関心をもってさらに聴くといいですね。

「互聴（ごちょう）」という言葉がありますが、もしけんかをしたような場合でも、自己主張するだけでなく、互いに相手の話を聴き合うことを大切にすると、必ず仲直りができるはずです。

部下から悪い報告を受けたときの上手な聴き方はありますか？

叱責するのではなく、「詳しく話を聴かせて」と冷静に対処しましょう。

悪い報告を受けると、上司は部下に対して「何やってるんだ！」「ダメじゃないか！」「そんなことがどうして起きたんだ！」と厳しい言葉を投げかけがちです。部下はしかられることを恐れ、悪い報告はしにくくなりますから、上司に悪い情報がなかなか伝わらないことになります。「なんでそれを早く言わないんだ！」と、上司が怒っても、それはふだんからの上司の言動が部下をそうさせているのです。

よい情報は上司に報告しやすいですが、悪い情報はあとから報告するため、結果的に対応が遅れ、後手後手に回ることになります。これでは、何もうまくいきませんね。どうしたらよいでしょうか。

たとえ悪い報告であっても、上司は常に冷静に部下に対応することが欠かせません。つまり、頭から部下を大きな声でどなったり、厳しくしかったりすることはやめましょう。内心では驚いたとしても「詳しく話を聴かせて」と冷静に対応します。上司が冷静に話を聴く姿勢や態度を見せると、部下は安心して、悪い報告であっても詳しく話すことができるでしょう。その結果、上司は部下から詳しい情報を収集することができ、それによって、その後の適切な対応策を考えることができます。正しい情報を早急に収集することができなければ、効果的な対策は立てられません。職場の上司と部下の関係性は仕事のうえでとても重要です。職場ではオープンなコミュニケーションをみんなで大切にし、マイナスな情報でも「なんでもありのまま話せる職場」づくりを心がけたいものです。つまり、何が起きてもありのままをみんなが話し合える、相談し合える、風通しのよい職場づくりが必要です。

愚痴ばかり言う同僚の話はどうやって聴けばいいですか？

A 相手の話の要点を返してあげると愚痴もだんだんおさまってきます。

愚痴を言うことは、効果的なストレスの発散方法です。あなたの同僚は、自分でストレスを処理できず、「あああ、ストレスで耐えられない！」と、あなたに訴えているようなものです。愚痴を言っても、なんの問題解決にもならないとわかっていても、言わずにいられないのが愚痴です。

もし、あなたの心に余裕があったら、同僚のために愚痴も聴いてあげてください。「そうなんだ……」「へええ、そうか」「ああ、わかるな」とあいづちをうちながら聴いてあげると、話している本人も、たまっていたストレスがだんだん発散されていきます。そのうち、次第にトーンが下がり、愚痴がストップするというのが一般的な流れです。

相手の愚痴を早く切り上げたいと思うのは当たり前です。ただし、「またその話か」と、そっけなく返すのではなく、愚痴であってもときどき話の要点をまとめて返してあげてください。「そういうところが、いやなんだよね」「そういうことが、どうしても納得いかないと思っているんだよね」「その点がどうにかならないかと、イライラしているんだよね」と、相手の言いたいキーワードを拾いながら、要点をまとめて返します。

すると相手は「そうそう」「そうなんだよ」「まったく、そう」と、聴き手が愚痴の内容をわかってくれたことに安心します。まとめて返すことは、愚痴を短くする場合に、必ず効果を発揮するスキルです。

愚痴をだらだら言っている自分を、話し手も決していいとは思っていないはずです。ですから、聴き手が愚痴も聴いてくれ、わかってくれたと安心することができれば、自然と愚痴もおさまります。

聴きにくいことを聴くときのコツはありますか？

A 話は場の雰囲気がなごんできたら。ただし無理に話をさせるのはさけましょう。

会話では「こういうことを聴いてもいいかな？」「聴いたら、失礼にならないかな？」と迷い、それ以上聴くことを控えるようなことがありますね。ただし場合によっては、聴きにくいことでも聴かなければならないときもあります。特に聴きづらいのはプライベートなことではないでしょうか。人はそれぞれ、さまざまな家庭の事情を抱えています。話の内容によっては、あえて話したくない、触れてほしくない、聴かないでほしい、という複雑な問題を抱えている人もいます。不用意に質問を投げて、相手を傷つけたり、不快な気分にさせることもあるでしょう。その点、なんでもただ質問すればよいのではなく、相手に配慮して慎重に質問することが必要です。どうしても複雑な事情を聴かなければならないときには、個別に場所を選び、静かなところで話を聴きます。

その場合は最初からズバリ核心にふれず、「最近、仕事の方はどうですか?」と、軽い話題から始めます。雰囲気がなごんだところで、「実は、こちらにお呼びしたのは、この点についてお話をうかがうためだったのですが、よろしいですか?」と、目的や意図をきちんと伝えましょう。「はい」と相手が返事をしたら、質問をしてゆっくり話を聴きます。「もし、そこまでは話したくないということでしたら、お話しになれる範囲でもいいですよ」「また、別の機会に話しましょう」と、思いやりをもって配慮することが大切です。無理やり話をさせられるのではないか、と心配させないようにするためです。無理に相手の心をこじ開けるようなやり方をしてはいけません。「もし話す気になったら、いつでもいいですよ」と、次の可能性を残しておきましょう。

話をしていて相手を怒らせてしまったら、どうすればいいですか？

A 弁解するよりも、まずは謝ることが先決です。

相手に失礼なことを言ったり、あまりに根ほり葉ほりしつこく聴いて、相手が怒り出してしまうような場合もありますね。また、何が相手を怒らせたのか、原因がわからないこともあります。「相手の気にさわったことは確かなようだけど、どうしてそんなに感情的になるのかわからない、そこまで言っていないのに……」などと思うこともあるでしょう。

しかし、相手が目の前で、感情的になって怒っていることは明らかなのですから、まずは謝ることが先決です。

「すみません。ごめんなさいね」と、言葉をかけてしばらく相手の様子を見てみましょう。すると「そうよ、あなたがこんなことを言うからよ」と、怒っている理由を話してくれる場合もあります。理由が明らかになれば、そのことに対して「そうか、失礼しました。すみませんでした」と、心から謝りましょう。

くれぐれも「そんなつもりはなかったのに……」と、弁解したくなる気持ちは抑えて、謙虚に対応しましょう。とらえ方は人によって違います。自分は、そんなつもりで言ったのではないととらえていても、相手は気分を悪くして怒るようなとらえ方をしたということです。

コミュニケーションは常に相手が主役です。自分がどのようなつもりで言ったかよりも、相手がそれをどのようにとらえたのか、どのように受け取ったのかということの方が大切です。とらえ方の違いが、誤解を生み、感情的なすれ違いを生じさせてしまいます。

そして、これをいい経験として記憶に留めましょう。「あの人は、このような聴き方や言い方をすると感情的になって怒る人だ」と理解することです。次回からは、その点をよく注意して、慎重にコミュニケーションをとるようにするといいでしょう。

「そんなつもりじゃないのに！」と、弁解するのではなく、今後のことを考え、怒った状態の相手も受け入れることができるような度量の広さをもちましょう。

あとあとまで、そのことで互いの関係が壊れたり、こじれないようにすることが大切です。

何度も同じことを繰り返す人の話は、どうやって聴けばいいですか？

A 別の角度から質問をしつつ はじめてのように積極的に聴いてみましょう。

いつも同じ話や愚痴を繰り返す人の話を聴いていると「ああ、またその話か」と、うんざりすることがあります。前にも一度聴いた話をまた聴くのは退屈です。けれども「もう、その話は聴きましたよ」とうっかり言ってしまうと相手は自分を否定されたように感じます。「私の話をもう聴く気がないんだな」「私をわかってくれようとしていないんだな」という印象を相手に与えてしまいます。

何度も同じ話をするのは、その人にとってそのことが未解決で、心のなかでひっかかっていたり、繰り返すほどに大切な意味をもつこと（出来事）なのかもしれません。その人にとって気になることなので、もう一度聴いてほしいのです。または、前回話したときにあなたがよくわかってくれなかったから、不満に感じていて、同じ話をもう一度もち出したのかもしれません。

何度も聴く話だと、どうしても聴き方はいい加減になりがちです。一生懸命聴いているつもりでも、集中力は切れてしまいます。しかし、仕事仲間、取引先のお客さん、家族（夫婦、子ども、両親）や友人など、もしあなたがその人のことを大切にしたいのであれば、たとえ同じ話であっても、はじめてであるかのように何度でも積極的に聴くことが必要です。そして、以前聴いたときとは別の角度からも質問をしたりと、とらえ方を変えたり、新しい方向へと展開させるようにしてもよいでしょう。同じ話でも忍耐強く聴いてくれる人を、相手は必ず信頼するようになります。そしてもっと深い話もしてくれるようになるでしょう。

初対面の人とはどんな話をきっかけにすればいいですか？

だれでも興味をもって話せる5つの話題をふってみましょう。

聴き上手であれば初対面の人にも好感をもたれます。しかし、はじめて会った人にどうやって話を切り出し、相手の話を聴いたらよいか迷いますよね。よく知っている人とは何時間でもしゃべれるのに、初対面だと緊張してなかなか話しづらいことがあります。

初対面の人との話がうまくいかないのは、相手がどのようなことに興味があり、何が好きなのかがよくわからず、手探り状態になるからです。そして、「こんなことを最初からたずねると、相手に変に思われないかな」と不安になるので、スムーズに話が切り出せなくなります。

初対面の相手に好意をもたれたいと強く思いすぎると、かえって緊張し、ぎこちなくなるものです。

初対面であっても話をはずませ、話を上手に引き出し、聴く機会をつくるような共通の話題（テーマ）があります。それは、初対面に限らずだれとでも話を上手にスタートできて、互いに興味をもって話せる次のような5つの話題です。

①お天気のこと、②食べ物のこと、③健康のこと、④話題のニュースのこと、⑤いろいろな場所のことなどです。

①のお天気のことは、みんなに共通の話題です。「今日はいいお天気ですが、寒いですね」と気軽に話しかけて「寒いのは苦手ですか？」などと質問し、相手が話しはじめたら、自分はすぐに聴き手にまわります。ほかの話題も同様です。②「好きなもの、好物はなんですか？」、③「何かスポーツしていますか？」、④「もうすぐオリンピックですね」、⑤「お住まいはどちらですか？」など、こうしただれもが気軽に話がで

きるような話題から入ります。

相手にインタビューするようなつもりで、質問しながら話を引き出しましょう。「今年は、連休に海外旅行をしたんですよ」「まあ、それはよかったですね、うらやましいです、どちらに?」などと共感しながら熱心に聴きます。

そのうち、しばらくすると初対面ということも忘れるくらいスムーズに話が進むでしょう。

話の最中に相手が泣き出したらどう対応すればいいですか?

泣きやむまでゆっくり待ち、相手の気持ちに寄り添ってあげて。

相談などで話を聴いていると、次第に相手が話しづらそうになり、涙をあふれさせて泣き出してしまうことがあります。そんなとき、聴き手は泣いている人にどんな言葉をかけたらいいのか迷いますね。

うれしい、悲しい、くやしいなどの感情を抑えきれず、感情があふれ出てしまったときに涙が出てきます。人は感情に押しつぶされそうになると、涙を流すことであふれる感情を浄化し、心のバランスをとろうとします。また、いろいろな悩みからくる葛藤(かっとう)から逃げたくなり、泣くことで自分の気持ちを処理しようとすることもあります。

泣き出してしまうと話が途中で中断してしまいます。

そんなとき、「泣いてばかりいては、わからないよ。何があったのか、わかるように話してくれないと……」と言うのはもちろん、「泣きたいだけ泣いてください」と、泣くことをうながすのもよくありません。

相手が泣いているときには、おさまるまでゆっくり待ちましょう。泣くこともそのまま受け入れてあげてください。少しおさまってきたら、声をそっとかけてあげます。これまで聴いてきた話を簡単にまとめるつもりで、「それは大変でしたね。そんなことになるとは、まったく予想していなかったんですものね」と、気持ちを理解していることを丁寧に伝えてください。そして相手が再び話しはじめるのをゆっくり待ちましょう。質問は控え、相手が今どんな思いでいるのかを想像し、相手の気持ちを一緒に味わうように努めます。泣き出しても決してあわてず、泣くことで何を訴えたいのか、何をさけたいのかなどを、心のなかで考えながら寄り添って待ってあげましょう。

Q

相手の話を聴いていると過度に感情移入して疲れてしまいます。

「同情」ではなく「共感」を大切にしましょう。

相手の話を詳しく聴いていると、相手に同情するあまり、自分までつらくなって一緒に悲しくなったり、泣いてしまうようなこともあります。共感を大切にしようとすると、相手に感情移入するため、いつのまにか相手の感情に飲み込まれてしまうのです。そんなときは自分も悲しくなったり、つらくなったり、涙が止まらなくなることもあるでしょう。被災者の話、家族（最近ではペットなど）を突然失った人の話などを聴くと、だれもが同じような経験をします。そして、なんの役にも立てない悔しさや無力感も感じます。

こうした場合に大切なことは、相手と自分の境界線を見失わないことです。「同情」「同感」「共感」はそれぞれ違います。「同情」の底には、相手を自分よりも弱い存在だと思う気持ちがあります。自分の体験や価値観を基準にしながら、相手の話を下に見て聴く姿勢といえるでしょう。「同感」は同じような考え方や行動、価値観をもつ人たちが同じように感じることです。相手と違った視点からはとらえず、自分と一致したときだけに「同感」を感じます。

一番大切な「共感」は、相手の気持ちを同じ立場になって理解しようとする態度で、同情や同感とは違います。共感は、どのような内容の話を聴いたとしても、自分を見失わず、相手の感情を自分のことのように感じることであって、たとえ相手が違う価値観をもっていても、わかろうとする態度です。あなたの気持ちの底には「同情」がなかったでしょうか？　相手は聴き手に「共感」は求めますが、同情されることは求めません。そして、同情されることでは、問題は解決しません。

Q ついい人にアドバイスをしたくなります。どうしたらいいでしょうか？

相手はアドバイスを求めてはいません。最後までよく聴くことに徹してください。

話を聴いている最中に「何をアドバイスしよう」「何を言ってあげよう」と、相手の役に立ちたい一心になることがあります。アドバイスのことに考えが集中するので、聴き方はいい加減になります。そのため、役に立たない、自己満足のアドバイスになります。話し手も心のなかでは「なんだ、この程度のことは、すでに自分でも考えているよ」「考えを押しつけられたな」と感じるでしょう。ですから、「アドバイスをしたい」「自分の経験を話したい」という気持ちになったら、赤信号です。

相手を理解することなしに、自分の経験を話したり、アドバイスをしてもなんの役にも立ちません。決して問題解決をあせらず、相手の心に最後まで寄り添って、よく聴くことに徹してみてください。最後までよく聴いた方が、相手の役に立つアドバイスができるものです。

悩みを打ち明ける人の多くは、必ずしも悩みの解決を相手に求めているわけではありません。むしろ、悩みを聴いてもらい、自分のつらさや落ち込んだ気分をわかってもらうことで、吐き出し、気持ちの整理をしたいのです。

Q

「あなたには本音が話せない」と言われました。どうしてでしょうか？

自分の価値観を前面に押し出すのはＮＧ。柔和な表情や声のトーンにも気をつけて。

人間関係には多様な関係性があって、「心を開ける人」とそうでない人がいるのは事実です。

「聴き上手な人」とは安心して心を開いて本音で話ができる人です。こうした人は、ふだんから人に対する態度や行動が違います。周りの人に関心をもち積極的に声をかけ、短い時間であっても話を聴くことを大切にします。相手に自分の価値観を押しつけることもしません。ですから、何かあったら「相談したい人」の筆頭候補になります。

こうした信頼関係をふだんから築く努力が、本音も話せる人になるためには大切です。

実際に話を聴くときは「なんでも話して」と冒頭から言うと、相手にプレッシャーを与えてしまい、かえって本音が言いにくくなります。また、自分の価値観と合うことにだけ「それは絶対大切だ」「そうでないヤツはダメだ」と言う人もいます。すると、自分も否定されるのではないかと相手を不安にさせてしまいます。

また、人が本音を出しにくい内容として次のようなものがあります。①一般的な道徳に反すること、②自分の欠点や弱点だと感じていること、③恥ずかしいことだと思っていること、④感情がコントロールできなくなりそうなこと、⑤ほかの人に伝わってしまったら心配なこと、などです。こういった話題を出すときは慎重さを心がけましょう。

聴くときには、気軽に本音も話しやすい雰囲気を大切にしてください。柔和(にゅうわ)な表情、声のトーンに気をつけ共感するなど、基本を心がけ「親しみやすくてなんでも話せる人」のイメージを大切にしてください。

仲が悪い相手の話も聴かなければいけませんか？

「話を聴く」ことから始めれば、人間関係に必ず変化が表れます。

必ずしも人間関係は、常に安定しているとは限りません。相手に無関心になると、相手の話を無視したり、心を込めて聴くようなことはしなくなります。

すると、ますます疎遠になり、関係性は悪くなるばかりです。

「とらえ方」の違いから誤解が生じ、意見が対立してしまうことがあります。それは相手の話を聴いていないことが原因です。そして互いに批判し合うのは、自分をわかってくれない（自分をわかってほしい）という思いからです。
ですから、もう一度相手の「話を聴く」ことから始めてみませんか。相手は「あら？　このごろ、私を大切にしてくれてるみたい」と、少しずつあなたの変化を感じるようになるでしょう。過去と相手は変えられませんが、変えられるのは、「自分と、今・ここ、これから」です。人間関係が悪化してしまったら、「自分から変わる」ことが基本法則です。自分が変わることにより、必ず、相手も少しずつ変化していきます。

クレームを言ってくる人に対しても、不愉快だとは思いますが、真摯に耳を傾けましょう。どのような訴えであっても、その声に謙虚に応対してください。相手は聴いてもらうことで「自分が尊重され大切にされている」と感じ、最後にはこちらの話にも耳を傾けてくれるはずです。

話を聴くことは「クレーム解決率」がもっとも高い方法です。仲が悪い人に対してほど、話を聴くことを実行してみてはどうでしょうか。

話を聴いていて腹が立ってきたらどうしたらいいでしょうか？

相手の性格を悪く言うのではなく、具体的な行動に対して指摘しましょう。

話を聴いていると、だんだんイライラして不愉快になったり、不満を覚えることはだれにでもありますね。相手を怒りたくなるのは、自分の価値観や判断基準と異なっていたり、ひどいことを言われる場合などでしょうか。話を聴いていて、相手を「それではダメだ！」「何をやっているの、こうしなさい！」と厳しくしかったとしても、相手に受け入れてもらえないような伝え方、言い方をしては意味がありません。

コミュニケーションは、よく「キャッチボール」にたとえられます。

自分が投げたボールを相手がキャッチ（ボールが相手のグローブにおさまる）しなければ、キャッチボールにはなりません。つまり、自分が投げたいボールを投げる（言いたい放題に言う）のではなく、相手が受け取りやすいボールを選んで、相手に合わせて投げるのです。

「コミュニケーションは、常に「相手が主役」です。自分が言ったつもり、伝えたつもりでは意味がありません。相手がそれを理解し、受け取ったかどうかの方がずっと大切です。ですから厳しい言葉でも、相手が受け取りやすいように工夫してください。

厳しく指摘するような場合には、相手の性格（いい加減、だらしない、適当、ふまじめ、がんこなど）を指摘することはさけます。むしろ、具体的な行動（きちんと片づけなさい、ミスがないかよく確認してください、遅刻はしないようになど）を指摘してください。

興奮して感情的にならず、どうしても伝えたいことは、毅然（きぜん）と冷静に対応しましょう。そして、相手にも自分にもｗｉｎ－ｗｉｎの結果を考えて、伝えましょう。

話がなかなか先に進まない人への対処法はありますか？

「ちゃんと聴いていますよ」というサインを送って、相手を安心させてあげましょう。

話が先へ進んだと思ったら、また、逆戻りをして同じ話を繰り返す人がいますね。このように話がいつまでも堂々巡りになってしまう場合は、聴き手に、問題がある場合が多いのです。

「その話はもう片づいたのでは？」と、聴き手が思っていても、話し手にとっては、まだ片づいていないのです。もし、相手の話がなかなか進まないようなら、自分の聴き方に相手が満足していない証拠だと思ってください。

話を丁寧に相手に合わせて聴くことは、手をつないで一緒に階段を昇っていくようなプロセスです。聴き手が先に階段を昇って上に行ってしまうと、話し手は不安になり、もう一度、自分と同じ位置の階段に戻したくなるのです。

また、聴き手の聴くスピードの方がどうしても速くなりがちです。話し手がもたもた話していると、聴き手は「もう、それは十分にわかった」と先へ行ってしまいがちです。しかし、それは単に聴き手がわかっただけのつもりの場合が多いのです。

こうしたことが起きないようにするには、「わかりましたよ、こういうことですね」「おっしゃりたいことは、こういうことですね」「私はこのように理解しましたが、これでいいですか」と、ところどころで相手の話の要点を的確に繰り返し、相手に「わかりましたよ」というサインを送ってあげましょう。

そうすれば、相手は「ああ、わかってもらえた」と安心して一歩一歩話を進めていきますから、話の堂々巡りはもう起きないでしょう。

Q

相手になかなか打ち解けてもらえません。どうしたらいいでしょうか？

無理にコミュニケーションをとるのではなく、時間をかけて信頼関係を築きましょう。

だれもがすぐに話にのってくるわけではありません。人見知りな人、ガードがかたくて自分を出せない人もいます。だれもがコミュニケーションをとりたがっているとは限らないのです。あせらず、時間をかけて日ごろから信頼関係をつくることを第一に考えましょう。会ったら笑顔であいさつすることから始めてみませんか？「元気でやってる？」と声をかけ「私は、あなたに関心をもっているよ、あなたを大切にしているよ」というサインを出しましょう。コミュニケーションは強制されてできるものではありません。「心を開いて何か言いなさい」と強制されたからといって話す気にはなりません。つれない返事をされても「打ち解けるほど信頼関係ができていないんだな」と柔軟にとらえてくださ い。時間をかけて話を聴ける関係を築きましょう。ときには、どうしても返事をもらうことが必要な場合があります。そうした場合には、メールの方が話しやすいでしょう。用件を伝え、「返事を待っています」と添えてください。対面ではそっけなくても、メールではきちんと返事をくれる可能性があります。

有能なリーダーになるための効果的な聴き方はありますか？

部下や後輩に積極的に声をかけ、話をよく聴きましょう。

コミュニケーション上手なリーダーの条件は、①言うべきことが言える、②聴くべきことが聴ける、という2点です。①はあいさつをする（まず上の立場の人からあいさつをする）、的確で明確な指示・命令をする、相手がほめてほしい・認めてほしいことをほめる、いたわる、ねぎらうこと。また部下の育成のためには、厳しいことであっても、ときにはあえて言うべきことを言わなければなりません。部下から嫌われることを恐れていては、よいリーダーシップはとれません。相手と状況に合わせて言い方や伝え方を変えたり、使う言葉を選択しながら効果的なコミュニケーションをとることを心がけましょう。

②の「聴くべきことを聴く」は、「耳の痛いこと」も謙虚に聴くということです。いい情報は耳にすぐに入りますが、悪い情報はなかなか入ってこない状況も発生します。そうなってから「なぜ、それを早く言わない！」と怒っても始まりません。日ごろから話を聴く態度に欠けていると、悪い情報はあとから入るようになります。

また、リーダーには成果が厳しく求められますが、そのためには、みんなが動機づけられる働きやすい職場をつくることが欠かせません。つまり、職場の人間関係をよくし、コミュニケーションを大切にすることです。

悩みは人間関係に原因がある場合が多いです。リーダーは職場の人間関係に配慮し、人間関係から発生するストレスを少なくする努力が必要です。みんなに関心をもち、よく観察し、積極的に声をかけましょう。相手が話したら、自分は聴く側に回ることを心に留めておいてください。

起業で悩んでいる人がいます。上手な話の聴き方はありますか？

転機の人の話を聴くときには「4つのS」を大切にしましょう。

私たちの人生にはいろいろな転機があります。結婚、出産、引越しなどのプライベートな面はもちろん、就職、異動、転職など仕事の面でも転機があります。

転機には3つほどの種類があります。①予想していたことや予定していたことが起きる転機（仕事で新しいプロジェクトに加わる、子どもが生まれる）、反対に予想していたことが起きない、期待していたことが起きない転機（資格試験に合格できない、35歳までには結婚しようと考えていたのに結婚できない）、②自分から変化を求めて積極的に転機を起こす場合（独立して起業する、留学する）、反対にいやおうなしに転機に立たされてしまう場合（リストラされる、職場でリーダーや責任者に選ばれる）、③人生のなかで自然に年齢をかさねて起きる転機（定年になる、子どもが自立して家を出ていく）などです。

転機のときには、いろいろな変化がありますが、「変化のとき」にはだれもが、この先のことが心配になったり、不安な気持ちになることが多いものです。さて、こうしたときには、どのように話を聴いてあげたらいいでしょうか。

まずは変化について心配していることや不安なことに共感しながら、丁寧に一緒に整理して聴いてあげることが大切です。そして話を聴くときには、「４つのＳ」に沿って聴いてあげましょう。

４つのＳとは、状況（Situation）、自分自身（Self）、支援（Support）、戦略（Strategy）です。頭文字の「４つのＳ」を点検しながら話を聴くので、「４Ｓ点検」といわれています。

会社を辞めて起業しようかどうしようかという相談を「4つのS」で考えてみましょう。

①状況（Situation）

現在の仕事を辞めて起業するのは、何を目的に、どうしたいのか。どのような事業を始めるのか、具体的にはどのような予定か、いつごろから予定しているのかなどについて、詳しく現在の状況を聴きます。また、家庭の状況、家計のことなども聴いて一緒に考えてあげるといいでしょう。

②相手自身（Self）

その人は、独立して起業することをどのようにとらえ、考えているのか、気持ちや希望はどの程度強いのかなどの本気度を聴きます。そして、自信はあるのか、心配なことは何か、見通しはどうかなどを聴くことによって、その人自身が自分の心のなかを整理したり、まとめることを手伝います。

③支援（Support）

独立して起業する場合、家族は理解し応援してくれるのか、支援を受けられるのか。また、金融機関などからも資金面で経済的支援は受けられるのか、起業について助言してくれたり情報提供してくれる人はいるのかなどについて、詳しく整理しながら聴きます。

④戦略（Strategy）

①状況、②その人自身、③支援について詳しく聴き、最後は④戦略を聴くことになります。実際に会社を辞めて、独立し、新しく事業を起こすプロセスに対する具体的なビジョンや見通し、成功させるためにいまから準備すること、情報収集などの戦略を相手がどのように考え、計画しているかについて、詳しく整理しながら聴きます。

大切な人生の転機に立つ人のために役立つ聴き方が「4S点検」です。「4つのS」を一緒に整理しながら具体的に聴いてあげることで、相手は自分自身を整理でき、いろいろ大切な気づきが得られるでしょう。

Q つらい経験をした人の話を聴く場合には、どんな注意が必要ですか？

A 無理につらい体験を話させようとせず、ただ静かに寄り添ってあげましょう。

身近な人のなかには、不幸な事件に遭遇したり、災害にあう人もいるでしょう。また、親しい人を突然亡くすケースもありますね。つらい経験をした人の心に土足で上がりこむようなことは、決してしてはいけません。軽い気持ちで「話せば楽になるよ」と言うのもNGです。聴き方によっては、心の傷をもっと深くしてしまうこともあります。

かつては被災者などの当事者が、当時のことを話し、感情を吐き出すこと（心理的デブリーフィング）は、心の危機を救い出す方法として積極的に活用されていました。しかし、最近では、この心理的デブリーフィングは効果的ではなく、むしろ行わない方がよいとされています。ストレスが悪化することがあるのです。

それでは、話を聴かない方がいいのかといえば、必ずしもそうではありません。つらい体験を聴き出すのではなく、そっと寄り添い、その人が話したいことを受け止める程度がいいでしょう。話したくないようなら、ただだまったままで一緒に過ごすだけでもよいのです。時間がたって、相手が何か話をしたくなったときには、耳を傾けてあげてください。ただし、つらい経験そのものをリアルに話させようとしてはいけません。

話を聴く場合には、①無理に話させない、②話をさえぎったりせかしたりしない、③気休めを言ったり、できない約束をしない、④自分の経験を言わない、⑤ほかの人から聴いた話をしない、ということに注意しましょう。いつか、もしこのような機会があった場合には、覚えておいてください。「無理に話をさせない」ことが一番大切です。

聴き方の勉強をすることでトクすることはありますか？

カウンセリングの勉強は仕事や生活で役立つことも多いでしょう。

現在、「聴き方の専門家」といわれているのは、臨床心理士（主に病院、学校のスクールカウンセラーなど）、キャリアコンサルタント（キャリアカウンセラー＝キャリアに関する相談を担当）、産業カウンセラー（働く人のメンタルヘルスの相談）、コーチングの専門家（コーチ）などがあります。その他、民間機関でもいろいろなカウンセラーの養成を行っています。このなかでキャリアコンサルタントが、現在唯一の厚生労働省認定の「国家技能資格」のカウンセラーです。キャリアコンサルタントは、キャリア、すなわち働き方や生き方を支援する役割を担っています。就職（就業）支援を行ったり、教育機関でキャリア教育などを担っている人たちが多いですが、それぞれが「聴く」ことのプロといえるでしょう。カウンセリングは問題や悩みを抱えた人を、いろいろな手法によって支援します。相談者はカウンセリングを通して、自分をじっくり見つめなおすことができます。

心の時代といわれる今、専門家、プロになるかどうかではなくても、カウンセリングや聴き方の勉強を深めることは、学びが多く、みなさんの仕事や生活に必ず役立つことでしょう。プライベートではもちろん、仕事のうえでも、「話を聴いてくれる人」は常に求められています。「聴き上手」になるための勉強はこうした場面で応用できます。あなたの得たスキルが人間関係を円滑にするために生きるでしょう。

聴き上手な人がこの社会に増えることは、温かい社会をつくるうえで大切なことです。

[著者プロフィール]

宮城まり子（みやぎ・まりこ）

法政大学キャリアデザイン学部、法政大学大学院キャリアデザイン学研究科修士課程教授。臨床心理士、日本産業カウンセリング学会名誉会長。病院臨床（精神科、小児科、心療内科の臨床心理士）、教育研究所での教育相談などの臨床経験などと並行し、大学にて教鞭をとる。専門は臨床心理学（働く人のメンタルヘルス）、キャリア心理学（キャリアカウンセリング）、生涯発達心理学、産業心理学（職場のメンタルヘルス・コミュニケーション、人材育成）。主著には『キャリアカウンセリング』（駿河台出版社）、『産業心理学』（培風館）、『成功をつかむための自己分析』（河出書房新社）、『7つの心理学』（生産性出版）などがある。現在、キャリアカウンセラーの養成、キャリアカウンセリングのスーパービジョン、「働く人のメンタルヘルスとキャリア支援の統合」の研究に力を注いでいる。

[STAFF]

カバーデザイン	小口翔平（tobufune）
カバーフォーマット	小島トシノブ（NONdesign）
本文デザイン	平山みな美（tobufune）
イラスト	村山宇希
編集協力	円谷直子

「聴く」技術が人間関係を決める

心理カウンセラーが実践している、相手の心を開く方法

著　者　宮城まり子
発行者　永岡修一
発行所　株式会社永岡書店
〒176-8518 東京都練馬区豊玉上1-7-14
代表 03(3992)5155　編集 03(3992)7191
印　刷　図書印刷
製　本　コモンズデザイン・ネットワーク
ISBN978-4-522-47657-4 C0176②
落丁本・乱丁本はお取り替えいたします。